Anton Henne

Die Rache in Gonten Volksgemälde aus den Appenzeller Bergen

Nach einer wahren Begebenheit vom Jahre 1849

Anton Henne

Die Rache in Gonten Volksgemälde aus den Appenzeller Bergen
Nach einer wahren Begebenheit vom Jahre 1849

ISBN/EAN: 9783743449077

Hergestellt in Europa, USA, Kanada, Australien, Japan

Cover: Foto ©ninafisch / pixelio.de

Manufactured and distributed by brebook publishing software (www.brebook.com)

Anton Henne

Die Rache in Gonten Volksgemälde aus den Appenzeller Bergen

Die Rache in Gonten.

Volksgemälde aus den Appenzeller Bergen.

Nach einer wahren Begebenheit vom Jahre 1849.

Von

Dr. Ant. Henne.

St. Gallen, 1867.
Literarisches Verlagsbüreau von Altwegg-Weber zur Treuburg.

1. Die Mutter und der Sohn.

Es war ein freundlicher Frühlings-Sonnabend des Jahres 1849 im Thale von Gonten in den inneren Roden Appenzells, der Abend vor dem Landsgemeindesonntag, d. h. dem letzten Sonntag im April, wo die Stimmfähigen des gesammten Landes auf dem eingehegten großen Platze im Hauptflecken die Regierung wählen, Landesrechnung, Gesetze, Bürgerrechtsvorschläge annehmen oder verwerfen u. s. w. In Appenzell verbreitet dieser Vorabend ein eigenes Gefühl bei Alt und Jung. Die Greise reden von erlebten oder erzählten denkwürdigen Landsgemeinden und Ereignissen, welche sich an diese anknüpfen; die Jünglinge horchen, die Mädchen rüsten ihren Putz und Schmuck, denn sie wollen glänzen am Landesfeste, und die Kleinen freuen sich zum Voraus des „Gmändschroms" (Landsgemeinde-Krams), den der Vater oder ein Bruder zu bringen nie ermangeln.

Sie kehrten in die Häuser heim aus den Wiesen, welche über ihren schwarzen Torfgrund das grüne Festgewand angezogen hatten, geziert mit den blassen Schlüsselblümchen, den grellblauen „Frauenmänteli" und am schwatzenden Thalbache hin mit den Prachtteppichen goldgelber Wasserblumen. Der hohe Säntis, noch im Schnee, war lauter Gold geworden, und wie die Sonne gesunken war, mit Rosen übergossen, und nach kurzer Zeit noch einmal, im sog. Alpenglühen, davon lieblich überhaucht.

Westlich vom Hüttenberge, einer tannenwaldigen Anhöhe, mit der wir es in dieser Geschichte vorzüglich zu thun haben, nach appenzellischer Geographie „auf der Nordseite", es ist jedoch umgekehrt südlich vom Dorfe, und dieser Ausdruck nordwärts bedeutet im Ländchen blos was in Bern „schattenhalb", Schattenseite, oben mit Wiesen und „Heimaten" besetzt, wo es heißt, „im Gschwend", saß vor einer der Hütten, „in Mittelholzers Gschwendli", ein junger Innerröbler auf dem Bänkchen. Es war Johann Baptist Matzenauer, aber im Lande nach uralter Sitte, erstens, wie bei den keltischen Stämmen, den Griechen und Arabern, den Sohn immer mit dem Vaternamen zu bezeichnen, und zweitens, nie oder selten anders als mit dem Spitznamen der Familie, welche seit 100 Jahren „Gerer" hieß, wie der Vater ebenfalls Baptist (Bisch) „Gerers Bisch", noch lieber „Gerers Bischen Buob", und wenn man die Länge des Namens nicht gescheut hätte, am genauesten, schon vom Großvater Baptist her „Gerers Bischen Buoben Buob" genannt. Gerers Bischen „Buob" war er schon 5, 6jährig bei Alt und Jung gewesen, war er jetzt in seinem 22. Jahre noch, er sollte es, falls er gesund bliebe, sein und bleiben wenn er Greis sein und selber „Buoben" haben würde. Er hatte eben Feierabend von seiner Tagesarbeit. Diese bestund im Mauern, und wenn es, was oft der Fall war, gerade nichts zu mauern gab, im Sticken auf der Maschine, im „Blattstiche", der gewöhnlichen Beschäftigung beider Geschlechter im Lande, deren Erzeugnisse dann, wie unten im St. Gallischen, ja weit überm See im Algaue und Vorarlberg, sogenannte „Fergger" (Fertiger, „ferggen" heißt transportiren von Waaren oder Anderm) bezahlen und nach St. Gallen an die „Herren", die großen Fabrikanten, übermitteln.

Bisch horchte soeben einem Sennen zu, welcher nach Sitte jeden Frühling Weidbodenstücke hie oben in Miethe nahm und dann mit seiner Viehwaare (auch diese war meist zum kleinsten Theile sein eigen, sondern anderswo, auch aus dem Vorarlbergischen, her von Viehbesitzern „in Empfang genommen") abäzte. Er war der Familie seit Jahren wohlbekannt, die er oft, wenn er in der Nähe sennte, besuchte, und als lang in Vorarlberg und Tirol gewesen, eine lebendige Sammlung von Alpen- und anderen Sagen. Er erzählte gerade von dem Völklein der Zwerge, die auch im Appenzellischen unterm Namen der „Heiden" bekannt sind („d'Häba hend Hoſtig", Hochzeit, heißt es dort, wenn die Sonne in den Regen scheint), und wie sie zuweilen Abends in den Alpen, wenn ausgemolken und alles in der Hütte sei und das Vieh im Stafel oder auf den Weideplätzen ruhe, das ganze Sennthum mit ihrer Zauberpfeife locken, so daß es in die Höhe gehoben, ihnen, mit ängstlich zurückgebogenen Hälsen durch die Luft weit folgt „über Stock und Stein, über Staude und Strauch, über Tobel und Thal, über Wald und Wand", was man das „Alpenrücken" heißt; nichts könne die Fahrt, die wie das „Wüetisheer" oben hinbrause, aufhalten als wenn der Senn früh genug den „Alpruf" hören lasse, auf welchen Alles sogleich ruhig sich zur Erde niederlasse. Diesen Alpruf rezitirte der Sprechende dann wörtlich in seiner uralten Weise und in Versen, die sich im jetzigen Dialekte, wenigstens in der Ostschweiz nicht mehr ganz reimen. Der junge Innerröbler lauschte, nicht nur die Ohren und Augen, sondern auch den Mund offen, und wurde nicht gewahr, daß seine Mutter, welche indessen das Abendessen, das „Habermus" gekocht, schon etwas Zeit unter der Thüre stund und zuhörte. Ihr seid beide gleiche „Lappi" (Laffen), sagte sie jetzt, als der Spruch zu Ende war, du Bisch, daß du so losest, und du Hannes (der ächte, d. h. unappretirte Appenzeller wird sich eben so schwer zu einem „Ihr" oder gar „Sie" entschließen können als der Tiroler) daß du „berige Sache prächte (schwatzen) magst". Mich „wonderets viel minder, daß das „obernüftig Veech dem „Hädepfisli folget", als daß „äfältigi Mädli", ganze Haufen Buben, die doch Verstand haben sollten, hinter sich, am „Narrasäl" (Seil) nach sich ziehen können. Komm, Bub, zum Habermus, und du Hannes, halt mit, wenn b'magst! Nachher will ich denn „dem Buebe näbes (etwas) uß dem Kapitel vorprächte. Cha si er ghörts aber nöd so gern as di's". Der Senn dankte, sagte Gutnacht, ging zu seiner Wohnung, und Mutter und Sohn in die Stube, wo Bischs Vater, der ältere Gerers Bisch, eben so wenig sich um den schönen Abend, als um die Alpensagen kümmernd, auf „dem Bank" saß und behaglich „bäcklete" (Tabak rauchte), was eine seiner Haupt- und Lieblingsbeschäftigungen war. Wie das Habermus abgethan und gebetet war, was, nach Landessitte, alle drei laut verrichteten, winkte die Mutter Bischen, gemäß der vorigen Anzeige, vors Haus. Dem Vater sagte sie kein Wort, der auch wenig Notiz davon nahm und sein Pfeifchen wieder anzündete, und setzte sich mit dem Buben aufs Bänkli, wo eben der Senn gesessen hatte.

Sie schaute ihn zuerst stumm an. Sie war eine ächte, im Leben geprüfte Appenzellerin und im Hause Frau und Mann zugleich, diese Maria Matzenauer, geborne Storch, welchem Namen sie Ehre machte, in der Landessprache „Köchlis Mädli" geheißen. Endlich brach sie das Schweigen und sagte: Ich redete vorhin nicht vergebens vom „Wibervolch" und vom Anlocken. Du bist sonst ein guter Bub, fleißig und eingezogen und häuslich, und hast mir noch wenig Kummer gemacht. Aber ein leichtes Gemüt hast du und nimmst alles „ring", und gabst mir viel zu denken, seit du gestern andeutetest, du möchtest bald heiraten. Dem Alten konnte ich nichts sagen, der ist in solchen Dingen gerade wie ein Kind; ich mußte es in mir „verwerchen", und nahm mir vor, dir heut Abend den Puls zu fühlen. — Fühlet ihn immerhin, Mutter! ich denke nicht kränker zu sein, als man bei so was eben ist. — Also doch krank, du gestehest es selbst, Bisch. Wir wollen den „Bresten" aber näher untersuchen. Natürlich wirst du deine Lage verbessern, und nicht verbösern wollen, und eine recht Reiche und Brave im Plane haben, da wir arm und blos beim Mittelholzer „z'Hus" (zur Miethe) sind. — Ihr wisset so gut wie ich, Mutter, reich und das Gschwend passen nicht zusammen. Das „Chrütli", von dem der Sennhannes auch viel erzählt, welches die Thüren zu verborgenen Schätzen aufmacht, habe ich noch nie funden, so oft ich mich auch, und zwar zu heiliger Zeit, nach selbem umgesehen habe. Ich glaube, zum Reichsein sind wir nicht geboren. — „Seb" (dies, selbes) merk'i o" (auch). Der Teufel, wenn es ihm Noth thut, macht nur auf die großen Haufen. — Das thut nichts, Mutter. Lasset ihn machen, wohin er will. Ihr seid auch nicht reich gewesen, als ihr heiratetet, und habet doch euer Hauswesen mit Ehren geführt, und seid mir eine brave, liebe Mutter worden. Ich wünsche keine Bessere. — Du streichst mir „Hung uff's Schmalz" (Honig auf die Butter, Lieblingsessen in Appenzell), daß es besser „rutschet". Gut, es ist nicht ohne, was du sagst. Nun so wollen wir auf den zweiten Punkt gerathen, auf die Bräve. Du hast, was das betrifft, seither ziemlich hinterm Zaun gehalten und bist Mancher nachgestrichen, als wenn du unter den Mädlinen jenes „Chrütli" suchen wolltest. — Sind sie's nicht, Mutter? Ich glaube wohl. Sie schließen die Thüre auf zu Glück und Unglück. — „Meh as eba" (freilich, mehr als eben, der üblichste Ausdruck des Beistimmens). Aber du bist zu gut und ungeschickt zu diesem Suchen. Du würdest ohne guten Rath blind „ini" (hinein) tappen, und dich alle Wände hinauf zaubern lassen, wenn der Zwerg das rechte Lieblein pfiffe. Wir wollen dem Splitter im Finger näher rücken und den „Alpruf" thun, damit du zur Besinnung kömmst. Ich denke du kennst den alten Spruch, man sehe sich am besten in der Nähe um bei so was.

Kauf deines Nachbars Rind,
Heirat des Nachbars Kind.
Du weißt wie beide sind. —

Gerade so habe ich, nach allem Suchen, am Ende auch gedacht, Mutter, sagte Bisch erleichtert. — Gut, jetzt wollen wir einmal mustern, was in der Nähe sich etwa findet. Was sagst du zu „Chromma Bisches" (krummen Baptists) im Gschwend? Magdalena paßte nicht übel hieher. Sie arbeitet geschickt auf der Maschine wie wir, ist still und brav. Ich weiß, du hast sie nicht ungern, und begleitetest sie oft den Berg herauf heim, ins Gschwend, wenn ihr unten in der „Fürschau" (Feuerschau, eigentlicher Dorfbezirk) zusammentrafet. — (Bisch schweigt) — Ich achte, sie ist dir gut und würde nicht ungern ihrer etwas strengen Stiefmutter aus den Händen gehen. An „Chromma Bisches Mädli" würde einer eine sittliche, treue Hausfrau erlangen. — Das ist Alles wahr, Mutter, und ich gestehe, daß ich den Gedanken eine Zeit lang auch hegte. — Es scheint aber jetzt nicht mehr. Vielleicht ist sie dir nicht äußerlich hübsch und körperlich rund genug? Sie ist etwas „liecht" (leicht, hager) und hat Sommersprossen. — Das ist's, Mutter, sagte Matzenauer aufathmend. — Gut, so wollen wir um ein Haus weiter, und „bösen Hannes Sepps Zischgeli" (Franzisla) in Augenschein nehmen, da oben auf Hütten. Die ist aufgewecktern Wesens und eben so thätig, und du bist auch schon um sie herum, du Licht-Nachtvogel. — Das bin ich, Mutter, aber sie sind gar viele auf Hütten, sieben Geschwister. Das gäbe zu viel Schwägerschaften. Sonst hab ich nichts gegen Signers Zischgeli, so wenig als gegen Chromma Bisches. — Gelt, jetzt hab' ich dich, du Schlauer, und bin auf den hohlen Zahn gekommen? Ich merke wohl, wo die arme Seele, ums Licht fliegend, endlich hinein will und im Unschlitt hangen bleiben oder gar die Flügel verbrennen. (Ernster werdend.) Nicht wahr, Bub, es ist nicht darum, daß Magdalena „z'liecht" und sommersleckig ist und Zischgeli zu viele Geschwister hat? Beide sind dir nicht zutäppisch genug und zu still? Und Zischgeli hat braune Haare. Du aber hast es bei den „Mädlenen" nicht wie beim „Veechli" (Viehwaare); du siehst lieber „näbes Wißrötsches" (Weißröthliches, Blondes)? und doch ist Braun dauerhafter. Gelt, Bisch, jetzt sind wir mit der Säge recht auf dem Aste? „Heb" (halte) aber nur fest, wir wollen schon drüber hinaus. Ich kenne das ein wenig. — Bisch sagte jedoch kein Wort und schaute bloß auf den Boden. Die Mutter aber hielt fest und fuhr fort: Ja, ja, das war längst und von Anfang an meine Furcht und da muß bei Zeiten geholfen werden, sonst ist's aus mit meiner Ruhe, und mit deiner auch, Bub, „glob mer's!" Du hast früher oft auf Hütten oben in „Riebsennen Gnazis" (Ignaz) Milch geholt, und da hat dir's seine „Nann" (Anna Maria) angetban. Sie ist überaus „hübsch postirt", wie man bei uns sagt, wenn sie schon nicht groß ist, hat weiße, große Augen, wie du selber, aber sonderbar scharfe, die sie herumwirft, wenn Buben da sind, wie eine Wasserstelze, wenn sie von Stein zu Stein springt, und schönes „gelhaftes" Haar und zwei Prachtzöpfe. Wenn sie recht um sich lugt, könnte man „Zundel" an ihren Blicken anzünden, ohne Feuer zu schlagen. Daneben schaut Riebsennengnazis Haus mit den großen Schirmbäumen dabei gerade auf der Höhe des Hüttenberges über seine Tannen herab just wie eine Burg, im ganzen Thale weit gesehen, und wenn die Nann hinaufgeht durch den Wald, ist sie wie eine Burgprinzessinn oder eher wie eine Waldfrau, von welcher Sennhannes erzählt. Gelt, Bisch, deine Mutter kann malen, als hätte sie's gelernt? — So gut, Mutter, daß man sie leibhaftig sieht. Ich denke aber, nach dem „Christchindli" komme erst ein recht schwarzer „Chlaus" *) — Du hast recht. Er kommt und bringt dem unverständigen Kinde die verdiente Ruthe, oder vielleicht gar eine „Roßwurst" **). Ich muß für dich sehen, wenn du blind bist. Die Nann ist nicht gut erzogen, das werden die Alten noch erfahren, welche bald und am unrechten Orte zu streng mit ihr sind, bald die Augen schwach zudrücken oder gar ihr verhelfen, ihren Eigensinn durchzusetzen. Dadurch wurde sie versteckt über die Maßen, so daß schon der Schulmeister durch kein Mittel aus ihr herauszubringen im Stande war, was sie verbergen wollte. Lügen kann sie und die klarste Sache verdrehen und eine Geschichte im Augenblick ersinnen, daß man, auch wenn man selber dabei war, nicht weiß,

---

*) Der Weihnachts-St. Niklaus, jetzt meist in einer Person zugleich der strafende Knecht Ruprecht.
**) Aus Pferdefleisch, das Schlimmste, womit man unartige Kinder bedroht.

ob man den eigenen Augen und Ohren trauen darf. „Wäß der lieb Gott was die uff em Berg domma globid" (droben glauben); mir kam es zuweilen, Gott verzeih mir die Sünde, beinahe vor, das „Mädli" halte es mit dem „Bösen" (hier machte die Mutter das Kreuzzeichen), denn in die Kirche geht sie nicht gerne, lieber auf die Tanzböden, auf die Jahrmärkte und an die „Gmänd" (Landsgemeinde), wo es lustig hergeht, und wo sie Buhl= und Lieb= schaften treiben kann. O du guter, armer Narr, du merkst nicht, daß die Here, während sie dich an sich zu locken scheint, dich zu ihrem Spielballe macht, wie die Katze die Maus. — Endlich brachte der athemlos horchende Bisch die Worte hervor: Ei, Mutter, so arg wird es nicht sein. Ihr nehmet es zu streng. Nann ist noch jung und kann nicht so gesetzt sein wie ihr. — Daß sie jung ist, rechn' ich ihr nicht zum Fehler, denn diesen haben einmal alle Mädli; aber daß sie nicht wahr und offen redet und hochmütig und ver= buhlt ist; daß sie, wenn sie den Hüttenbergwald auf „dem Hämet zue" (der Heimat zu) geht, meint, es bücke sich jede Tanne vor ihr und winke den anderen: „luoget, Schwestern, da geht Ried= sennengnazis schöne Nann". Der Herr Pfarrer hat viel versucht mit ihr und sie zu sich kommen lassen; aber sie hat ihm in's Ge= sicht gelacht. Soll sie ihm ja, als er sie einmal warnte, nicht zu früh den Buben nachzulaufen, geantwortet haben: wenn die Liebe bloß oben im Haar säße, könnte man sie einfach herausstrählen; sie sitze aber tiefer, und Buben und Mädli gehören nun einmal zu= sammen wie Käse und Brot. Es heißt sonst, alte Leute rühmen immer ihre Jugendzeit und tadeln die gegenwärtige; aber man müßte blind sein wie eine Schermaus, um nicht zu bemerken, daß die Ju= gend, vorab das Weibsvolk, gar nicht mehr ist wie früher. Die Fremden, die ihre kranke Brust an unserer Bergluft und mit un= seren Molken „pletzen" (flicken) wollen, unsere Bäder besuchen und unsere Berge und Wasserfälle und Gott weiß was „abschribid" und Innerröblerinnen in ihre Bücher und Helgen *) malen, bringen Geld ins Land, und viel, das ist wahr; aber was sie verdorben haben, merkt Jeder, der es näher ansieht. Unsere, ehedem so nette, Landes= tracht wird durch Seide und Gold und Silber, oder doch was Gold und Silber scheinen soll, immer flitteriger und sommervogelartiger und theurer; man ißt und trinkt anderst als zu meiner Zeit; es

---

*) Wörtlich Heiligenbilder, aber für jede Abbildung gebraucht.

wird alles begehrlicher, und die weibliche Zucht und Ehrbarkeit (ich kannte noch Mädli, deren jedes allein 2 Franzosen mit einem tannenen Scheit aus der Küche jagte, jetzt winken sie eher) werden abgewischt von der fremden Hand wie die Schmetterlingsfarbe, wenn die Buben sie antasten. Ich erinnere mich recht gut, wie das Unwesen anfing und sehe noch die farbigen „Hippenmeierschürzchen", woran man in Gonten und Weißbad gewisse hübsche Innerröblerinnen von Weitem erkannte, welche zuerst mit Alpnägeli *) und Gesang, dann auf allerlei andere Art, wie es sich eben gab, Gelt verdienten. „Pfitusig!" (pfui). — Aber, Mutter, platzte der Sohn jetzt, nach lange verhaltenem Athem, endlich los, so eine ist denn doch die Nann nicht. — Ich sage nicht, weil ich das nicht bestimmt weiß, was die Nann in dem Punkt ist und thut. Aber los, Bub, richtig ist es nicht ganz, die Nachbarn munkeln allerlei, und wo du Rauch siehst, kannst du ein „Fürli" vermuten. Es ist ihr im Gonterbad ein geputzter Fremder nachgestrichen, wie ein Jäger einem Hasen, und um sie herumgeschwänzelt, bis sie mit ihm getanzt hat und sich von ihm Nachts bis nahe an den Hüttenberg heimbegleiten ließ. — Hier schoß der Jüngling auf wie eine Rakete, und rief: das wird nicht sein, Mutter! Nehmet das zurück! ihr wollet mich blos abwendig machen, nicht wahr? — Die Mutter schaute ihn erstaunt an und sprach dann ruhig: du fährst ja los wie ein „Fürtüfel", Bisch! Ich wiederhole dir, daß ich das Mädli nicht schlecht machen will; was ich aber gesagt habe, ist so sicher als der helle Tag, und daß die Nann, die in der Kinderlehr auf die einfachsten Fragen selten antwortet, wo es lustig und sogar frech hergeht, das „Mul" am rechten Ort hat und gar nicht zurückhaltend ist und eher anlockt, das mußt du selber wissen, wenn du willst. Daheim können sie sie jetzt nicht mehr bändigen, weil sie es zur rechten Zeit versäumt haben, und sie drohte der Mutter letzthin (die hat mirs selber geklagt), als sie ihr etwas untersagte, sie springe ins Wasser. Sie wäre im Stande, so was auszuführen, die Blitzhere die. Und kurz und gut, Bisch, wenn du Vater und Mutter so weit außer Augen lassen und ihnen Eine ins Haus bringen könntest, die, abgesehen, daß sie nicht reich ist, ein solches Naturell hat und Alles was sie

---

*) So und „Bergnägeli", Nelke, nennt der Schweizer selbst die jetzt romantisch, aber sinnlos, Alpen-Rose getaufte Blume, die, außer ihrem Roth, auch nicht das Mindeste von einer Rose an sich hat.

aufbringt, an Staat und Hoffahrt wendet, so können sie deine Mutter auf den Kirchhof hinunter tragen, es wird nicht lange dauern. Versprich mir's in die Hand, Bub, daß du darin ohne mich keinen Schritt thun und der Sache nachdenken willst. — Der Sohn schlug ein, war aber sichtbar in sich zerrissen. Darum drang die bekümmerte Frau für jetzt nicht weiter in ihn, und sagte bloß: Vom Alten habe ich hierin keine Hilfe zu erwarten. Der ist jetzt sicher drinnen eingeschlafen. Er ist nicht wie sein Vater, Gerers Bisch, der, ein beredter, erfahrener Mann voll witziger Einfälle, Hauptmann der Stechlenegger Rode *) geworden war. Ich will aber einen ähnlichen zum Beistand nehmen, den Götti (Pathen) im Dorfe unten **). Er meint es gut, ist verständig und seine Mutter ist des Hauptmanns Schwester gewesen. Ich will zu ihm hinunter; du sollst morgen mit ihm an die Gemeinde, und er soll dir auf dem Weg an's Herz reden, damit du nicht allein ein altes dummes Weib gehört hast. —

Hiemit zog sie eine Schürze an und machte sich auf den Weg in die Ebene hinunter; der Sohn aber blieb in schweren Gedanken vor der Hütte sitzen.

---

*) Der inneren Roden (Rotten, von den uralten Mannschaftsabtheilungen, Zenten) sind 7: 1. Schwendi; 2. Rüti; 3. Lehn; 4. Schlatt; 5. Gonten; 6. Rinkenbach und Stechlenegg; 7. Hirschberg und Oberegg. Durch die Theilung nach der Reformation u. a. sind sie nicht mehr Sitze ihrer Angehörigen, so daß ihr Namen jetzt blos an Geschlechtern haften, wohnen diese wo sie wollen.

**) Ich könnte diesen Mann eben so gut nennen als alle anderen, weiß aber nicht, ob er's gerne hätte, weshalb ich überall blos sagen will „der Götti". D. Verf.

2. Der Weg nach der Landsgemeinde.

Während die Frau Matzenauer den Waldweg hinabeilte zum Götti, der, ein hablicher Mann, unweit der Gontener Kirche, mitten auf seinem Gute wohnte, diesem ihr Herzeleid, „wegem Buoba" klagte und ihn dringend bat, morgen diesen mit an die Gemeinde zu nehmen und ihr Hand zu bieten, den sonst gar Gutgearteten, aber leicht Mißleiteten und gar nicht „anschickigen" (sich zu helfen Wissenden) in Ordnung zu bringen, was der Mann treuherzig versprach, sobald er Alles gehört hatte, erhob sich derjenige, um den es sich handelte, rasch vom Sitze, und schritt entschlossen und rüstig der Höhe zu, wo in hohen, weit sichtbaren Bäumen des Ignaz Koch, genannt Sennengnazi, Heimwesen „uff Hütten" oder „ob Hüttenberg" lag. Er wollte in's Reine kommen. Ehe er näher trat, schaute er sich um, denn der stolze, zähe Koch sah seines hübschen Mädli Umgang mit dem schlichten Maurer nicht gern. Nann war aber zum guten Glücke ganz allein, unweit des Hauses und putzte eine schöne Halskette. Sie saß, von der eifrigen Arbeit erhitzt und Hals und Nacken unbedeckt, verführerischer aus als je, und es war, als hätte die Hexe wohl gemerkt, daß Jemand sie belausche und des Nahenden Schritt erkannt; denn sie bog gerade dorthin eine Büste, ein Bildhauer hätte weit herum keine rundere, wohlgeformtere finden können. Es war die Fee des Brunnens und der Bäume, die junge Hulda. Dennoch ließ sie einen Schrei, aber so leise, daß nur er ihn vernehmen konnte, als er fragte: Ei, seit wann hast du die Prachtkette? Die dürfte eine Königin tragen. — So gefällt sie dir, Bischf? Du heißest mich ja zuweilen deine Königin. Sie ist von einer Frau, die, so reich ihr Mann ist, gerade Geld bedurfte; ich bedurfte der

Halskette, und so war beiden geholfen. Sprich aber nicht laut, die Magdalena ist gerade vor dem Hause und hat dich vielleicht schon erblickt. Sie paßt mir scharf auf. — Nann, du gehst doch morgen an die Gemeinde? — „Wursch globa" (das würde ich glauben, sicherlich). Warum frägst du? — Willst du dort auf mich warten, Nann? — Das kann nicht sein. Ich will offen mit dir reden, Bisch, und spulen und zwirnen wie ich's gesponnen habe. Morgen habe ich was anders vor. Ich erwarte im Dorf (d. h. zu Appenzell) eine Bäsi, die ich lang nicht mehr gesehen habe. — Das ist schade, Nann, ich hätte dir was Wichtiges sagen sollen. — Wenn's was Wichtiges ist, ich kenne aber dein Wichtiges allesauswendig, so wird's nicht sauer werden bis zu einem andern Tage. — Was hast du denn mit der Bäsi den ganzen Nachmittag zu verhandeln? — Möchtest du das wissen? Ich will dir's nicht vorenthalten, weil du noch so spät den weiten Weg herauf bist: „Gwönderlisuppe ond Frögli drinn *). Jez mach aber, daß d'hä (heim) chunst, söß (sonst) balget bi b'Mueter." — Hiemit nickte sie ihm freundlich Abschied, da gerade ein Lärm im Hausgang entstund, und Bisch ging kopfschüttelnd abwärts in die Waldbäume und mit tiefem Herzweh unterm dunkelsammtnen Sternenhimmel hin, der immer reicher durch deren Wipfel blickte. Er beschloß, auf die „Base" morgen sorgfältig zu achten. Was ihm seine Mutter gesagt, deren strenge Wahrheitliebe er kannte, hatte einen Sturm von Gefühlen in seinem Innern erregt. Die Saite seines Glaubens und Trauens auf die Liebe der immer Räthselhaften, immer Aalglatten zitterte und klagte laut in ihm; sie war am Springen.

Am Sonntagmorgen, ich kann nicht sagen, erwachte er, aber erhob er sich sehr früh von seinem Lager und trat vor die Hütte. Es war ein herrlicher Frühlingsmorgen, $^1/_25$ und der Himmel am Horizont in Osten krokusgelb, oben blaugrau. Gegen 5 erhob sich die Königin des Tages (sonderbar und nicht sonderbar bei allen deutschen Stämmen, den Litthauern, den Slaven, den alten Phrygern und den Arabern ist der Mond männlich, war er ja der Teutschen Stammvater), schlug bereits eine nahe Amsel, nach und nach der Gukuk, dann, sich froh erhebend die Lerche, begann der immer muntere Fink und die Bienen summten zu ihrer Tagesarbeit. So wie er sich am Brunnen gewaschen, dann sonntäglich angezogen und den

---

*) Eine Neugiersuppe und Fräglein (Wortspiel mit „Brödli") drinn.

Eltern Lebewohl gesagt hatte, wo die Mutter ihm lange die Hand
drückte und ihn beweglich anschaute, machte er sich auf den Weg;
denn es war abgeredet, er solle im Dorfe in die Frühmesse und
dann in des Göttis frühstücken und zu Mittag essen.

Draußen konnte er sich nicht enthalten, einen langen, weh-
mütigen Blick auf die Höhe des Hüttenberges zu werfen, wo die
wohnte und jetzt wohl noch schlief, die fast seit der Kindheit sein
meistes Sinnen und Denken gewesen war. Ihm kam vor, heute
müßte sich's entscheiden. Nanns Wesen hatte ihn oft recht unheimelig berührt, wie in den Sagen der Umgang mit jenen nicht zum
Menschengeschlechte gehörenden Wald- und Bergfrauen, die sich zuweilen mit den Sterblichen, aber immer unheilbringend, verbanden;
sie hatte oft Worte zu ihm gesagt oder in ihrem Handeln Züge
blicken lassen, die ihm in's Innerste gestochen, und ihr Einfluß auf
ihn traf überhaupt mehr die Sinne als das Herz, es war eine
Bezauberung. Sein Herz, wie sein Verstand, sprach mehr für die
zwei anderen, gestern von der Mutter vorgeschlagenen Mädchen, Fäßlers Magdalene und Signers Franziska, eben so Nachbarskinder
und mit ihm in der Schule gewesen und heim auf den Berg gegangen, wie die Zauberin. Er riß sich vom Anblicke los und ging
rüstig hinab, der Ebene zu, wo ihn der Götti, von jeher einer der
Frühauf, unter der Thüre erwartete, und ihn wie ein Buch, das
man eben geöffnet, ehe man zu lesen anfängt, forschend ansah. Er
brauchte nicht lange zu schauen. Mit dem was ihm gestern Abend
die Mutter gesagt und seiner Menschenkenntniß aus langem Umgange mit Stadt und Land, als einer der gekanntesten Fergger*)
und Butterhändler, brauchte er zu Matzenauers Gesichte, welches un-
fähig war, den leisesten Gedanken des Innern zu verstecken, keinen
Kommentar.

Sie frühstückten mit einander in der freundlichen hellen Stube,
in der Morgensonne, Kaffee, Butter und Honig, der „Gemeinde"
zu lieb. Nachher gingen sie zusammen in die Messe, welche an
diesem Tage in allen Innerrodner Pfarreien ohne Predigt und etwas
früher gelesen wird, damit Jedermann zeitig genug in's „Dorf"
und in die dortige „Gmändspredigt" kommen könne. Matzenauer
war, obwohl ohnehin von seiner Mutter fromm und zum Beten erzogen, wie man eben in diesem Stande zu beten pflegt, noch nie

---

*) Mittelspersonen zwischen dem Händler und den Stickern.

so andächtig gewesen wie heute; er betete auch für sie, möge die Sache nun eine Wendung nehmen wie sie wolle, neigte sich aber bereits ziemlich zu der Annahme, sein Lieben sei, wie die Mutter angedeutet, mehr ein ihm „angethanes" gewesen, als ein ächtes. Aus der Kirche tretend, sah er die Mutter, welche, nachdem sie ihn, wie fragend, angeblickt, ihm freundlich zunickte und lächelte.

Als sie in Göttis ein gutes Mittagsmahl eingenommen, machten sich die Zwei auf den Weg nach dem Hauptflecken, absichtlich etwas vor der Zeit, weil der Alte während des Gehens mit ihm „spracheln" wollte, wozu er keine fernere Kameradschaft wünschte. Nachdem er dem am Wundfieber leidenden jungen Menschen die Seele durch sein herzliches Wesen ganz aufgehen gemacht, begann er näher auszurücken. Er wußte mehr von dem jungen Stutzer, welchem Nann Gehör zu geben scheine (in wie weit, sei ihm nicht bekannt, denn zu so was sagte er schmunzelnd, „lüt ma nöd met der große Glogga"). Dieser sei aus einem andern Kanton, der Bruder eines Kapuziners im Dorfe, habe letzten Sommer eine Kur gemacht und sich etwas Zeit im Gonterbade aufgehalten, wo er den „Mädlinen" schöne Sachen vorgeschwatzt und besonders Sennengnazis den Kopf zu verdrehen versucht habe, welcher, fuhr der Sprechende spöttisch fort, wie es scheint, an einem gar dünnen „Dräthli" angemacht ist. Der Heuwettervogel hat sich gestern wieder hie oben blicken lassen, und wird heute wohl der Gemeinde zusehen. — Bei dieser Aeußerung mußte Bisch an die „Bäsi" denken; er war jedoch fest entschlossen, nicht zu urtheilen, bis er sich mit eigenen Augen überzeugt habe. Das Reden und Trösten des verständigen Mannes that ihm wohl und rüstete ihn auf Alles, was da kommen möge. Der Alte hatte helle, scharfe Augen, und versprach ihm, sie für ihn fleißig zu brauchen. „Denke an deinen Großvater, Bub, den Hauptmann der Stechlenegger Rode, Baptist Matzenauer, dem du wie im Namen, so auch in der Gesinnung folgen solltest. Der ist einer feinen Hoferin *) eben so fein entgangen, die ihn in ihre Netze so verstrickt hatte, daß er bald hangen geblieben wäre, wo er ein „Gukuksei" hätte ausbrüten helfen müssen. Aber Geters Bisch, so jung er war, noch jünger als du jetzt, merkte, daß der Apfel „wurmäßig" war, und machte sich zu rechter Zeit aus den Maschen.

---

*) Hofer heißen sich die auf diesen Titel noch heute stolzen Bewohner und Genossen des eigentlichen Kernes im Dorfe, des alten „Hofes" Appenzell, der dortigen cité.

Gerade so ist auch seine Schwester, meine Mutter, eine gewesen, wie er. Deine eigene Mutter, Bisch, auf welche ich selber als junger Bursche ein Auge geworfen hatte, was aber aus verschiedenen Gründen zu Nichts wurde, ist ein Kernweib und wird noch lange eine Stütze sein für dich, wenn du klug weibest und nicht blind hineinrennst, wie ein Muni in ein „Chreßhufa" (Haufen Tannzweige); denn eine Stütze brauchst du noch, Bub, (fügte er schelmisch hinzu), denn du hast vom Vater her eine gute Portion Unbeholfenheit geerbt, und heutzutage heißt es sich wehren, wenn man durch die Welt will."

Diesen Gedanken benützte der Götti, um des jungen Menschen Sinn auf eine andere Bahn zu bringen und ihn etwas zu zerstreuen. „Wir sind, fuhr er fort, ein „bluotarmes Ländli," es wird dir nichts Neues sein, das zu hören; wohl aber was schuld daran ist. Das sind, es nützt sauber nichts, es zu verbergen, wir selbst größtentheils. Die äußeren Roden*) haben weder fruchtbarern, schönern Boden, noch reicheres Wasser, und dennoch ist draußen Wohlstand, großer Wohlstand, und die „Usserröder Herren" besitzen eine Menge Kapitalien bei uns, ja im St. Gallischen, im Thurgau, im Vorarlberg und noch weiter, so daß unser „Ländli" größtentheils verpfändet ist und nicht mehr uns gehört. Eine bedeutende Anzahl unter uns lebt meist von Außerroden, woher, darf man sagen, jährlich 30,000 Gulden an Arbeitslöhnen bezogen werden. Wir arbeiten, schwitzen und sticken für sie. Ich höre bisweilen die Meinung, das rühre daher, weil wir katholisch seien; es ziehe den Reichthum zu den Reformirten, und ich erinnere mich, als ich beim Militär war, wie Kameraden von mir zuweilen scherzten, sie seien allemal „schulig" erschrocken, so oft sie beim Eintreten in ein Quartier in der Ecke ob dem Tische ein Kruzifix erblickt haben. Dummes Geschwätz das, und paßt nicht übel zu dem, der liebe Gott habe den Unkatholischen auf Erden eine Entschädigung geben wollen, weil sie doch nicht in den Himmel kommen. Oder glaubst du etwa solches Zeug auch, Bisch?" — „Hätt dach!" (ei, ich hätte gedacht, beileibe) Götti. Darüber hat uns der Pfarrer in der Christenlehre seine Meinung deutlich gesagt: wir sollen auf unserm Glauben bleiben, aber nicht verdammen, damit wir nicht verdammt werden. Und

---

*) Die äußeren Roden sind, seit der originellen Landtheilung im Jahre 1597, reformirt, die inneren katholisch.

die Mutter, als ich einmal solches Gerede von der Gasse heimbrachte, äußerte unwillig, sie habe immer gehört, unser Herrgott sitze zu Gerichte, aber ihr Lebtag nie, daß er einen Innerröbler bedürfe, um zu wissen, wie er zu urtheilen habe. — Daran erkenn ich „Köchlis Mädli", wie es ehemals und immer war. Bis vor 300 Jahren war ja Alles katholisch und der Wilhelm Tell und unser Uoli Rotach in der Schlacht am Stoß ebenfalls, und waren berühmte Männer, und großer Reichthum im Lande. Aber weißt du, wenn du einem Schlitten einen „Schupf" giebst, kommt er den anderen vor; nun haben sie in der Reformation einen Stoß erhalten, und mußten sich wehren, da man sie erst überall anfeindete, und so kamen sie rasch vorwärts, während Unsere vielfach, aber nicht überall, dahinten blieben. Seither sind sie thätig und häuslich geblieben über die Maßen, schaffen, daß es eine Lust ist, und halten Alles sauber und reinlich. Das merke ich am besten, wenn ich am Markttage nach St. Gallen hinunter komme, wie es da in der Herren Magazinen und Kontoren wimmelt, wie in einem Ameisenhaufen oder einem Immenstocke, und wie sie dennoch jedem armen Mannli, wie ich eins bin, Red und Antwort geben. Es sind ihrer, sie halten allein 5000 Stickerinnen und geben Arbeit und Verdienst nicht nur „hie ommen (oben) im Ländli", sondern auch weit in's „Thurgi" und über den See in's Schwabenland und das Baiersche. Und ich weiß auch, Bisch, wo einer, wenn er durch Krankheit oder Unfall in Noth geräth, anklopfen darf, und offene Hand und Trost findet, ohne daß sie fragen: bist du katholisch oder reformirt? Bub, das thut wohl bis in's tiefste Herz und in solchen Häusern verweilt der liebe Gott mit seinem Segen. Gieb acht, wenn du nur eine Viertelstunde in außerrobisches Gebiet kommst, wie da Alles nett und sauber aussieht, wie am Sonntag, während bei uns der Schmutz Meister ist, und die Hütten oft Ställen gleichen. Warum? weil man faul ist, das Weibervolk arbeiten läßt und auf der Bärenhaut auf der Bank oder im Grase liegt und „bäklet", statt was zu verdienen. Dafür muß der Arme Gelt aufnehmen wo er's eben findet, stecken wir in Schulden wie der Hund in Flöhen, und wir könnten bald den Bettelsack als Landeswappen wählen, statt des Bären. Du siehst in St. Gallen unten, so in ganz Außerroden, wenig Bettler. Aber da, es ist als wenn's in der Luft steckte. Schau heute, beim Heimgehen, wie sie in ganzen Schaaren ihren „Gmändschrom" begehren. Wo ein Fremder unsern Boden betritt, öffnen sie ihm jeden Gatter, den sie, wenn er vorher offen gestanden hat, erst zumachen, und dann mit offener Hand weit nachlaufen und „ums tusig Gottswillen! bitti, bitti" den Wanderer verfolgen, und falls er nicht ausrückt, ihm Schnaden nachrufen und die Zunge herausstrecken, oder gar ihm Steine nachwerfen. —

Das ist, leider Gott, mehr als zu wahr, Götti. Aber sag, gibt es im Dorfe nicht auch Reiche, Gescheidte, die da helfen könnten? — Reiche, Bisch, und recht Reiche. Aber geh mir mit unseren Herren. Da steckts gerade. Die wollen eben nicht, daß das Volk lebendig wird und sich aufrafft, daß Gewerb bei uns entsteht, wozu wir so schöne Gelegenheit hätten. Sie leihen auch aus, häufen Zinse auf Zinse, wollen aber allein bleiben und regieren wie seit alter Zeit. Drum halten sie alles Neue und jede Verbesserung zurück. Schau dort rechter Hand, hinter den Bäumen, wo du das Gonterbad erblickst. Dort hat es Einer vor etlichen und 60 Jahren probirt, das Ländli zu heben; aber es ist ihm übel bekommen. — Du redest vom Landammann Sepp selig, dem Suter. — Eben von dem. Dort hat er gelebt und war Badwirth. Dem Manne that das weh, was wir so eben besprochen haben, und was damals noch schlimmer war als jetzt. Weil er ein aufgeweckter, witziger Gontener war, stellte er sich den Herren entgegen, trug an der Landsgemeinde Verbesserungen an, setzte sie mit dem ihm anhangenden Volke beim Abmehren durch, und wurde, trotz ihrem Wehren und Sperren, erst Landvogt im Rheinthale, welches damals noch ein Unterthan der Kantone war, und als dies Amt nach 3 Jahren aus war, zu ihrem Entsetzen Landammann. Denke dir, kein Hofer, ein bloßer schlichter Gontener! aber die bisherigen Gewalthaber, die ihm das nie verziehen, wußten ihn, weil er mit den Außerrodern in gar gutem Einvernehmen stund und überhaupt sehr duldsam war gegen die Anderseitigen, dagegen manche Geistliche seinen Witz zuweilen fühlen ließ und ihnen zeigte, wer die Obrigkeit im Lande sei, durch ihren Kapuziner als unkatholisch zu verschreien und in einem schmählichen Prozesse um Ehr und Hab und Gut, ja um's Leben zu bringen. Ich weiß noch, als ob's gestern gewesen wäre, was mir mein Vater vom selben Gerichtstag und dem Tosen und Rumoren zwischen beiden Parteien auf dem Platze vor dem Rathhause erzählte und habe aus dem Rathsprotokolle von Wort zu Wort abgeschrieben, was über die blutige Sache drinn steht. Sobald die Gemeinde aus ist, will ich dir seinen Kerker und sein Grab zeigen. Es hat viel gebraucht, bis seine Gebeine vor 20 Jahren vom sogen. unschuldigen Kirchhofe *) weg in geweihte Erde begraben werden durften **). —

Hier athmete der junge Mann schwer auf. Dann fügte der Götti bei: Alles haben sie mit ihm nicht tödten können. Es ist keinem der Mörder ein guter Tod worden, und mehrere von Suters Verbesserungsplänen, namentlich sein Lieblingsgedanke, bessere Schulen im Lande, führte der Pfarrer und bischöfliche Kommissar Manser, dem wir noch viel Anderes verdanken, nachher aus, so gut es der unfruchtbare Boden und der Mangel an Unterstützung von oben zuließ. Wir haben jetzt 17 Schulen, wenn schon ein Lehrer bloß 3 Gulden in der Woche, und noch weniger, bezieht, und noch immer kein Gesetz zum Schulbesuche anhält, so daß Hunderte aufwachsen wie „'s lieb Beechli". Man liest bei uns Nichts und erfährt Nichts, als ob wir da oben eine Insel wären, und schämt sich dessen nicht einmal, als wenn der lieb Gott am jüngsten Tage einen Innerröbler Nichts fragen würde als: „Wäst weles 's lingg ond 's recht Bä ischt? Chast a Gäs ond a Chua melcha ond em Beechli z'esse bringen ond streua?" aber im Wirthshause wüst thun, das verstehen sie, und die Mädli besuchen letztere wie die Buben, wie gerade nirgends und lassen sich herumreißen je ärger je lieber an den Tanzeten, am Schutzengelfeste („jo suber Schutzengel, wär bös, wenns nöb besser gäb, seb wärs ***)") im „Wildchilchli" und an den „Chilbenen" (Kirchweihen). Da gehts zu und her, ich möchte nicht schwätzen davon. —

Hier seufzte Bisch von ganzem Herzen. Der Sprechende that als merkte er es nicht, lächelte blos schelmisch und fuhr fort: Es könnte in Manchem recht gut besser werden, wenn, ich wiederhole das, Geistliche und Obrigkeit recht ernst dahinter möchten. Unsere Innerröbler, namentlich in Gemeinden, wo noch wenig Fremde hinkommen, denn die glätten Alles ab, was unser ist, und deine Mutter,

---

*) Außer der Mauer, wo die „Unschuldigen", die ungetauften Kinder, begraben werden.

**) Das, noch kaum recht bekannte, Urtheil lautet buchstäblich: „Den 9. Merz 1784 hat der Hochgeachte Hr. Landaman Johann Baptist Ruesch über den genwesenen Landaman Anton Joseph Suter Blutgericht gehalten und ward verhandlet wie folgt 1. ist er Suter verurtheilt daß er durch daß schwerdt von dem Leben zum Dodt hingerichtet werde und aber alle seine glieder auf den unschuldigen Kirchhof beerdiget werden." Das ist alles.

***) „das wäre es".

nach dem, was du mir vor der Messe gesagt hast, hat gar nichts
übertrieben, unsere Innerröbler sind noch großentheils ein ächter,
„urchiger" Kern und gefallen mir mit all ihrem Rauhen fast besser
als ihre, im Umgange mit Fremden und vielem Verkehr ausgewa-
schenen Nachbarn, die mir in Manchem vorkommen, wie gewendete
Röcke, nicht alt und doch nicht neu. Sie sind noch dem alten
Stamme verwandt, mutterwitzig (es ist sonderbar, daß man so sagt,
als wenn wir Mannenvolk „suber nüts" von Witz hätten) und ge-
sunden Verstandes, wenn man etwas daran reibt, und haben viel
Kraft in sich. Wir sind reich an schönem, milchreichem Boden und
haben 39 Alpen (Usserroden blos 18) und einige unserer Roden
haben, anererbt und von Bürgereinkäufen, gute Fonde (wir Beide
gehören nicht in die gleiche, wie du weißt, obwohl wir Beide in
Gonten leben, ich bin ein Rütiner und du ein Stechlenegger) und
vertheilen zuweilen überschüssige Zinse auf den Kopf, anstatt sie an-
wachsen zu lassen und dann vortheilhaft zu verwenden. Unsere
Buben, wenn sie schon anfangs etwas hölzern und bockig thun, wie
Kälber, die das erste Mal aus dem Stalle sollen, geben bald gute
Soldaten, das hat man im Ausland erfahren. Die Schützenvereine
in den Gemeinden bieten an ihren Land- und Kilbi- (Kirchweih)
Schießen Anlaß, sich einander näher zu kennen, und Hand und
Aug, aber auch Kopf und Verstand zu üben, daß sie nicht rosten.
Das Volk liebt seit alter Zeit Musik und Gesang und auch da un-
verkünstelt und natürlich wie der Wald- und Feldvogel, was ich
lieber höre als die Amseln, die man einsperrt und mit dem „Vogel-
örgeli pfisen" lehrt, worin sie doch der liebe Gott hundertmal besser
unterrichtet hat. Es gibt Dutzende von den neuen Liedern, sie
wollen mir weder in das Ohr, noch in die Seele. Vielleicht ist's
nur um so schöner und der Fehler liegt an mir. Wahr ist's, daß
man in den äußeren Roden viel mehr dafür thut und dort in allen
Gemeinden Gesangvereine bestehen. Hier ist nur einer im „Dorf"
und dort auch schöne Kirchen- und eine Feldmusik. Mir geht es
über jedes Stadtkonzert, deren einigen ich in St. Gallen unten bei-
wohnte, wenn die 4 Schwestern Broger in Gonten, „Hoptma Tönis"
Töchter, mit einander singen und zwei davon, Theresa und Franziska, Ziter dabei spielen, namentlich wenn ihr Bruder Franz Xaveri
und ihr Vetter Jakob Antoni dazu geigen.

So, jetzt nähern wir uns dem Dorfe. Bleib in meiner Nähe,
Bisch, ich muß dir helfen ausguden, ob deine Wasserfrau nicht etwa

einen Schlangenleib zeigt, wenn sie sich unbeobachtet glaubt. Fasse guten Mut, Bub! Wahrheit thut wohl, und ist sie bitter, so stärkt sie den Magen. Denk' an die Mutter. Aber bei einander müssen wir bleiben; vier Augen sehen mehr als blos zwei, und ich habe ein Paar gute in dieser Sache, du aber trägst heute eine Brille. Stimmen kannst du meinethalben doch wie du magst; darin brauchst du nicht auf mich zu schauen. Aber hebe die Hand nur für was Rechtes und für die Rechten auf. Denke ja nicht wie die recht Landsfaulen, es sei gleichgültig, auf Einen komme es nicht an, oder „ä (eine) Hand ist kä (keine) Hand". Nein, du mußt so ernst „ufheba", als wenn du den Entscheid geben könntest." —

Hiemit mengten sie sich auf dem Landsgemeindeplatze, vor dem Schulhause, unter Landsleute, die da- und dorther sich hier sammelten.

3. Die Landsgemeinde.

Geraume Zeit, nachdem der Götti und Matzenauer Gonten verlassen hatten, machten sich drei Mädchen von derselben Gemeinde in hübschem Sonntagsputze auf den Weg und wanderten, Arm in Arm, wie die Innerröblerinnen thun, ebenfalls dem Hauptflecken zu. Es waren: Katharina Josefa Starch, in der Landessprache Köchlis Hans Tonis in der Roos, Geschwisterkind mit Bisch von der Mutterseite; Maria Magdalena Serafina Fäßler, Chrommen Bisches aus dem Gschwend auf Hüttenberg und die dritte Anna Maria Franziska Signer, Bösen Hannes Seppen auf Hütten, desselben Berges. Letztere Zwei hatte Matzenauers Mutter diesem gestern Abends genannt. Die Leute in Innerroden geben den Kindern gern viele Namen; um so mehr Namenspatronen und Fürbitter haben diese im Himmel, und Serafine ist einer der häufigsten seit Einführung des Kapuzinerordens, wie Franziska, von deren Stifter Franziskus Seraficus. Ihr Gang war leicht, ihre Stimmung heiter, wie der Sonntagsvormittag, welcher durchs Gontener Thal lächelte, und ebenso ihre Gespräche im Gehen. Letztere stockten indessen nach einer Weile, als Kathrina die in der Mitte gehende Fäßler mit dem Ellenbogen anstieß und diese, zurückblickend, Sennengnazis Nann hinter ihnen herkommen sah. Du Närrsch, sagte sie jetzt lachend zu Magdalenen, warum wirst du plötzlich bleich, als wenn du auf eine „Ottera" trätest? — Magdalene antwortete nicht und schaute zu Boden, aber ihre Arme bebten leicht in denen der Kamerädinnen, welche sie Beide anschauten. Dann begann Franziska Signer: Mich nimmt Wunder, ob die mit uns gehen wird. — Was denkst du? sagte Kathrina Starch, dazu sind wir ihr viel zu gering. Sie schießt ja wie eine Bremse im Heuet; die hat was im Sinn. Ich will sie aber z'Trotz anreden. Nann, rief sie jetzt der Nähernden zu, „hät di nöd 's Aug bbißa?" (gebissen). — „Ja woll, erwiederte die Koch, und zwar 's leng‚‚‚" (das linke); aber ich habe ja Finger und kann tratzen. — der Innerroder Volksglaube sagt: „Wenn's recht Aug bißt, gebs (gibts) nebes Gfreuts; wenn's lengg bißt, nebes Reits" (Ungefäll); „ond sobald i eu gseh ha, bemmer b'Ohra g'lütet" (geläutet, was anzeigt, man rede von einem). — He, was wir sagen, wird dir kein Loch machen, fuhr Kathrina Starch fort. „Chomm gab (gerade) mittis, denn glörschs (hörst's) au." — Ich danke, sagte Nann, ich pressire heut und „will eu nöd scheniera." Damit schoß sie voraus. Ei, sagte jetzt Franzisla Eigner, die eilt, „as wenn si Heu liggeb (liegend) hätt". Was trägt sie für eine glänzende Halskette heute! Die habe ich noch nie an ihr gesehen. Sie ist und bleibt eine eigene. — Ja, „a schulig ägeni", entgegnete Kathrina, und ist es ihr Lebtag gewesen. „Der Bisch buret mi", daß er zuweilen so vernarrt ist in die Hornisse (hier sah sie die Magdalena Fäßler abermal an, aber in deren Gesichte war nichts zu entdecken, ob das Gesagte auf sie wirke oder nicht). Sie meints nicht gut mit ihm. — Mit wem meints die Nann gut? fragte Franzisla. — Mit sich selber, antwortete Kathrina, und der Gerers Bisch könnte das längst merken, wenn er nicht blind wäre. Ich weiß einen Zug aus früherer Zeit, der ihm ihr Wesen hätte zeigen können. Ob du dabei warst, Bischgeli, weiß ich nicht. Die da aber weiß es sicher noch gut genug. Wir gingen alle noch in die Schule, und spielten vor dem Schulhause, ehe die Schule anfing. Der Bisch hatte einen wunderschönen, rothen Apfel, den wir alle bewunderten. Die Magdalena da allein sagte kein Wort, aber schaute den Apfel barmherzig an, denn sie hatte nur ein Stück Brot in der Tasche. Wie der Bisch das merkte, reichte er ihr den Apfel. Nun hättest du die Nann sehen sollen. „Chrebs-züselroth" (zündroth) fuhr sie auf den Buben los, schlug ihn mit der geballten Faust auf die Nase, daß ihm das Blut, wie aus einem Brunnen herausströmte, und rannte ins Schulhaus. Der Schulmeister fragte nach dem Bisch, weil der sonst nie fehlte, wenn man ans Gebet ging; er schaute, als Eines antwortete, er blute am Brunnen, aus dem Fenster. Was hast, Bub? rief er ihm zu. Der Bisch schwieg und erwiderte erst auf die zweite, barsche Frage, er sei gefallen. Als aber Einige von uns lachten, wollte der Schulmeister wissen, was es gegeben habe, und fragte die Magdalena, die gar verlegen zu Boden sah und endlich in Weinen ausbrach; aber aus der war kein Wort herauszubringen, und der Lehrer, der nun, obwohl das der Fäßlerin nicht glich, meinte, sie habe den Knaben umgestoßen, wollte schon auf sie zu, als ich mich nicht enthalten konnte, zu rufen: Schulmeister, thu' ihr nichts! Riedsennengnazis hat's gethan. Jetzt wurde die Nann feuerroth, leugnete aber keck und rannte, als er sie am Arme packen wollte, wie der Blitz zur Thüre hinaus und gerade auf den die Stiege heraufkommenden Bisch zu, der dem nachrennenden Schulmeister in die Beine kam, während das Mädchen heimeilte und sich wochenlang nicht mehr blicken ließ. Das Schönste war aber, daß Bisch auf Anfrage ebenfalls läugnete, die Nann sei's gewesen, worauf auch wir schwiegen, aber zusehen mußten, wie der arme Bub mit dem verschwollenen Gesichte von dem jetzt völlig konfusen und darüber zornigen Schulmeister 4 schwere Tatzen empfing, die er, ohne eine Miene zu verziehen, aushielt. Beim Heimgehen kühlte ihm die Magdalena, immer weinend, mit ihrem naßgemachten Taschentuche die Nase bis auf den Hüttenberg; die Nann aber, als sie ihn nach diesem das erste Mal erblickte und sein gefärbtes Gesicht sah, lachte ihn bloß aus und rief: „Worom bist so a falsche Hond? (Hund)". — Der immer etwas blassen Magdalena war bei dieser Erzählung das Wasser in die Augen geschossen, und sie lachte erst wieder, als beide Freundinnen sie darüber aufzogen. Bischen werden indessen die Augen, hoff' ich, bald aufgehen, fügte seine Base Kathrina bei; seine Mutter, die letzter Tage bei uns war, äußerte, sie wolle ihm nächstens den Aißen aufstechen, er sei reif. — Magdalena Fäßler horchte bei diesen Worten aufmerksam auf. Warum aber ihr Gesicht und Auge sich belebte und ihr Schritt sicherer und fester auftrat, das hat sie Niemandem gesagt, und ihre Gespielinnen bemerkten es nicht.

Sie hatten die Nann bald aus dem Gesichte verloren. Es war nach 12 Uhr, als sie in Appenzell anlangten. Sie traten alle drei, eine die andere vorwärts stoßend (Manche thaten das viel lecker und gewohnter), in eine Trinkstube am viereckigen, mit Schranken versehenen Gemeindsplatze, tranken mit einander einen Schoppen Rothen, und schossen dann, halb betipst, hinaus, weil sich der Platz vor dem Hause allmälig mit Mannen, mit und ohne Säbel, füllte und der sogen. „Stierenmarsch" von Weitem erscholl. So nannte man spottweise den alten Marsch, der die Landesbeamteten vom Rathhause auf den Versammlungsplatz geleitete, weil ähnlich demjenigen, mit welchem die für die besten Schützen stattlich geschmückten Stiere herumgeführt wurden. Es waren die Trommelschläger und die Pfeifer, alle in die Landesfarbe, halb schwarz und halb weiß, gekleidet, Letztere mit zu verschiedenen Zeiten und von Verschiedenen ihnen geschenkten silbernen Schilden auf der Brust verziert. Jetzt fiel aber die Feldmusik ein und begleitete die paarweise einherschreitenden „Herren" auf den Platz, wo nun der sogen. regierende Landammann mit dem Landschreiber links und dem Landweibel rechts sich auf die Hauptbühne, den Landammannstuhl, begab, auf welchem, rechts und links, die alten Schwerter der Landessouveränität aufgepflanzt waren. Mehrere Schritte ihm gegenüber stunden der sogen. „stillstehende", zweite Landammann und die Räthe, links an der Schranke die Hauptmänner aller 7 Roden, und zwischen ihnen und um sie das Volk, Kopf an Kopf.

Es ist ein interessanter Anblick so eine versammelte innerrodische Landsgemeinde, der Rest des altalemannischen Gauthinges, innerhalb der Schranken die Männer, draußen herum Buben und Weibsvolk. Schon auf dem Markte in St. Gallen unten, zu welchem sie aus ihren Bergen herabkommen, noch mehr aber in ihren Kirchen, auf ihren Tanzplätzen und am meisten an diesem Tage gewahrt der Beobachter sogleich zwei, obschon jetzt ziemlich vermengte, doch auffallend von einander abweichende Stammrassen: der zahlreichere Theil der Bevölkerung ist nur von mittlerer Leibesgröße, braun von Haar und Auge, seltener schwarz, auch die Hautfarbe dunkler, der Schädel merkwürdig rund (wie im Simmenthale), die Nase meist klein; das ist der romanische, früher keltische Bewohner. Der andre Theil, größer, festknochig, der Kopf länglicher, die Haare blond und gelb, die Augen blau und grau, die Hautfarbe weiß, ist der eingewanderte, spätere alemannische Stamm. Auffallend ist der meist zarte Bau und das feine, weiße Gesicht beim weiblichen Geschlechte, welches jedoch sehr früh welkt, das lebhafte, neugierige, vor allen Schweizern mutterwitzige Wesen, die näselnde Sprechart, der singende Ton im Reden und die Liebe zu Musik und Gesang. Die innerrodische Kleidertracht, der kurze rothe weibliche Rock, die gefärbte Schürze, das weiße Hemde mit weiten und an die Ellenbogen reichenden Aermeln, das nette kurze Mieder mit Brustlaz („Brüechli") statt Halstuches, die kleine, eng anpassende, fast ganz aus rothem Seidenbande bestehende Kappe, Sommers die glänzende, häufig silberne Nadel mit zwei großen rundlichen oder Rosenenden im bloßen Haare oder durch die aufgewundenen Zöpfe, um den Hals oft werthvolle Silber= und Korallenketten (Hals=Roster), bei den Männern zwilchene Hosen und Futterhemden, mit einem runden Lederkäppchen, Sonntags oft gelblederne Hosen mit darüber gerollten weißen Strümpfen, das weiße Hemde, die rothe Weste (Brusttuch), ein mit in Messing geschnittenem Namen glänzender Hosenträger, eine farbige Halsbinde, vorn mit einem Ringe zusammen geschleift, Winters eine Jacke, ist, wie die Mundart, die eigentlich altappenzellische.

Lautlose Stille erfolgte, als der regierende Landammann mit der uralt üblichen Anrede: „Hochgeachteter Herr Landammann (der stillstehende, ihm gegenüber), Hochgeachtete Herren! getreue, liebe Landlüt!" *) die Zeitverhältnisse kurz auseinandersetzte und die heutige Tagesordnung der Geschäfte ankündigte. Dann wurde über die Wahl des neuen regierenden Landammanns abgestimmt, und mit großem Mehr der Landessäckelmeister Tähler gewählt, die übrigen Landesbeamteten aber, Landammann Fäßler, Landstatthalter Heim, Zeugherr Fäßler u. A., welche von ihren Stellen entlassen sein wollten, wieder zu bleiben genöthigt.

Baptist Matzenauer, immer noch auf seinen Götti schauend, stimmte mechanisch beharrlich mit diesem für Beamtete, Landschreiber, Weibel, Genehmigung der Landesrechnungen, Gesetzvorschläge und Alles, was noch kam. Aber unverwandt hielt er einen Punkt an der obern Schranke des Gemeindeplatzes im Auge, mit ihm auch der Götti, obschon dieser es nicht merken ließ. Dort stund Nann mit ihrer funkelnden Halskette, nicht mit anderen Mädchen, allein, erhitzten Gesichtes, die Brust steigend, und spähte sorgsam herum. Nach der Bäsi, dachten sie, bemerkten aber bald, daß sie sich umkehrte und am Schulhause hinauf zu einem Fenster schaute, wo nichts einer Bäsi glich, wohl aber ein netter Kopf sich sehen ließ mit hellblondem Schnurrbarte, welchen eine weiße Hand angelegentlich strich. Bald war Bisch im Klaren, der mit dem Schnurrbarte winkte; Nann winkte unvermerkt zurück, blos mit dem Kopfe, und drehte sich, als wäre nichts geschehen, wieder nach dem Gemeindeplatze um. Jetzt

---

*) Seit dem neuen Bunde folgt der Zusatz: „und stimmberechtigte niedergelassene Schweizerbürger!" weil auch diese jetzt in politischen Dingen mitstimmen.

sah der junge Mann nichts mehr; er hörte nichts mehr, obwohl
sich um ihn herum, bei einem vom Landammannstuhle herab ge=
machten Vorschlage, laute Opposition erhob. Er wäre niedergesunken,
denn es dunkelte in seinen Augen, wenn er nicht zwischen einige
feste Landsleute wie eingekeilt gewesen wäre, und ein starker Arm
sich unter den seinigen geschoben hätte. Es war der des treuen
Götti, der dasselbe gesehen, was er und sich an ihn heran gemacht
hatte. Die Gemeinde war eben zu Ende. Ein Gewoge der Män=
ner schob die Zwei vorwärts den oberen Schranken zu, wo sie auf
die drei Mädchen stießen, welche eben die Nann mit Einem dem
Löwen zugehen gesehen, aber im Gedränge wieder verloren hatten.
Bisch fühlte Riesenkräfte in sich, er sah schärfer als Alle, riß den
Götti mit sich, erblickte Nanns glänzende Haarnadel, drang durch
die Brandung, und bemerkte deutlich die Anna Maria, am Arme
des Blondkopfes, beim Rathhause, rechts um die Ecke biegen und
dort verschwinden, wo es dem Kloster zugeht. Der Götti sah das
mit ihm und eben so die vor ihnen her mutig sich durch die Men=
schenflut arbeitenden drei Freundinnen, von denen Kathrina jetzt un=
bändig lachte, Zischgeli Signer schwieg und die Magdalena Fäßler
unhörbar aufseufzte: du armer Bisch, du!

Matzenauern wars, als schlüge die Nann ihm diesmal nicht
ins Gesicht, wie damals vor dem Schulhause, sondern stäche ihn,
wie eine Schlange, ins Herz, und er blute viel schmerzlicher als
dort; ja als müßte er verbluten. Der Götti fühlte mit ihm. Ver=
gebens suchte er ihn zu zerstreuen. Vergebens war um sie herum
das frohe Gelärme Verkaufender und Kaufender, ganze Kramläden
voll Süßigkeiten, Spielwaaren, besonders die beliebten Appenzeller
„Nonnenkräpfli"; vergebens das bunte Gewimmel rothwestiger Buben=
schaaren und etwa einzelner kräftigerer und halbgewachsener Mädchen
vor dem Löwen und weiter unten vor dem Hechte, denen aus den
Fenstern der zwei Gasthöfe junge St. Galler und ausländische Han=
delsleute, Komptoiristen und Buchhändler ganze Schachteln voll
„Lederli", vermengt mit „Bürli" (Bäuerchen, runde Weißbrötchen)
herauswarfen, wo auf jeden Wurf ein Knäuel sich balgender und
ringender Gestalten, wahre Gordische Knoten, welche sich um die
Beute stritten, ihnen und den Umstehenden ein unbezahlbar Schau=
spiel boten und ein koboldisches Gelächter erweckten, den verkaufenden
Mädchen aber, die alle Minuten mit vollen Körbchen in die Säle
zu den Herren hinauf liefen und schlau die Süßigkeiten ungezählt

halbguldenweise hingaben, wo oft der Korb mit hinaus flog, nicht unbedeutenden Gewinn verschafften. Bisch sah und hörte von dem allem so wenig als von der zurückkehrenden Musik; der Götti erschrak recht über sein bleiches Gesicht und seinen wankenden Gang, und führte den bewußtlos Folgenden in den Brogerschen „Adler", wo sie eine Halbe Wein und Käse und Brot zu sich nahmen. Er sagte nicht viel zu ihm, sondern ließ das Bluten ruhig gerinnen, erinnerte ihn blos ein paarmal, wenn das Glas voll blieb, schaute ihm zu wie ein Arzt dem in der Krise daliegenden Kranken, und freute sich bald, als das Auge des Burschen sich wieder belebte, er einigemal, wie erwachend aufathmete und seinem Gesichte die Farbe wiederkehrte. Als er merkte, es schmecke ihm, ließ er, es war 3 Uhr worden, Jedem ein geräuchert Würstli und dazu noch eine Halbe Rothen (Rheinthaler) bringen und besuchte dann mit ihm, wie er versprochen hatte, das Rathhaus. Da der Götti den Landweibel Baptist Peterer wohl kannte, zeigte dieser den Zweien gefällig den Saal des Wochenrathes, dann den eigentlichen Großrathsaal mit alten Porträten, der Liste der Landammänner bis 1737, wo sie endet, an der Wand, und stieg mit ihnen die drei Treppen aufwärts, auf jedem Boden die sogen. Gefangenschaften öffnend, auf dem obersten links eine freundlichere, hellere, mit einem Ofen, rechts aber 2 dunkle Hundeställe, moderiges Stroh am Boden, das Bette, ein Schiebfenster zum Hineinstellen der Nahrung. Die erste von diesen war die des Landammanns Suter im Jahre 1784. „Wa mänst, Buob, sagte der Landweibel, möchtist do inni (hinein)?" — Wenn ich ein Königsessen hätte, nicht, sagte schaudernd Matzenauer, und Peterer schloß die schwere Thüre knarrend. Dann zeigte er ihnen, an die Mauer gelehnt, die roth angestrichene „Hexenschleipfe", worin die unglücklichen Wesen, die der Wahn und die Rohheit für mit dem Teufel verbündet ansah, zum Feuertode geschleppt („geschleift") worden waren, daneben das mit Eisenecken versehene Rad zum Rädern und den Armensünderstuhl für Enthauptungen. Bisch stieg froh und viel eiliger, als hinauf, die Treppen wieder abwärts. Ihm wurde recht leicht, als sie unterm Gewölbe, welches das Appenzeller Kapitol trug, vor sich wieder den lebensvollen, lärmenden Markt draußen erblickten und von der steinernen an den „Ort der Qualen" hinauf führenden Stiege Abschied nahmen. Gelt, Bisch, lachte der Götti jetzt, da oben ist's nicht lustig, außer im schönen Rathsaal mit den Herrenstühlen und den Bildern der alten Landammänner? — Nicht einmal dort, erwiderte Matzenauer, ich muß beim kleinen immer daran denken, wie sie die armen Leute drinn verhören, und beim großen, wie sie dort so Manchem und dem Suter das Leben abgesprochen haben. — Möcht' auch in keinem sitzen, sagte der Alte; mir käme es vor wie dem Bruder Klaus *), wo er noch im Rath in Unterwalden saß und ihnen bei ungerechten Urtheilen Feuer aus dem Munde brechen sah. —

Nun machten sich die Beiden, nachdem sie noch über den freundlichen Kirchhof gewandert, den Platz außer der Mauer, ob dem gähen Rande der Sitteren, wo Suters Gebeine geruht und das Grab mit dem einfachen hölzernen Kreuze besucht hatten, wo man jene im Jahre 1829 auf einstimmigen Rathsbeschluß wieder ehrenvoll begraben, auf den Heimweg, und erst jetzt begann der Götti allmälig mit ihm über den heutigen Tag, über die Nann und Kochs zu reden, absichtlich sich zuweilen einer Gruppe Heimkehrender anschließend, mit welchen er über die Wahlen, das Land und eine neue Straße durchs Thal redete, sichtbar erfreut, daß der „Bub" nach und nach auch ein Wort drein gab und ruhiger zu werden schien.

Daheim, in Gonten, geleitete er ihn noch auf den Berg, in „Mittelholzers Gschwendli", zur Mutter, die nicht in der Hütte hatte bleiben können, sondern den Sohn weit unten, auf einem Stein am Wege sitzend, erwartete. Der Alte schilderte ihr in wenig Worten, was geschehen war, nahm dann herzlich Abschied von den Zweien, wo Bisch ihm z'tusigmalen dankte, und überließ sie, von Mariens Klugheit überzeugt, sich selber.

---

*) Der berühmte Unterwaldner Eremit Nikolaus von der Flüe.

4. Der „Unferherrgottstag" i. J. 1849 in Gonten.

Bald schien in „Mittelholzers Gschwendli" oben alles wieder im alten Geleise, und ein Fremder hätte an Mutter und Sohn nichts bemerkt, als daß der Letztere etwas träumend herum und an seine Arbeit gieng. War bei einem Nachbar ein Mäuerchen zu machen, ein Ofen zu repariren, so hantirte er mit der Kelle, sonst saß er an der „Maschine"; nur die Mutter hörte ihn zuweilen aufseufzen, was ihr, namentlich Nachts, in die Seele schnitt. Aber sie wollte den Verband ob dem Zunarben nicht stören und sagte nichts. Beide (der Vater merkte nicht das Mindeste) schienen sorgsam einander schonen zu wollen, berührten das Vergangene mit keinem Worte, und es war rührend wie der Sohn, gleich einem aus langem Fieber Genesenden, seine Rücksicht für die gute Frau, wie als Belohnung ihrer treuen Pflege, und seinen Fleiß jetzt noch verdoppelte. Daß sie zweimal im Gschwend, in Fäßlers gewesen war und warum, das verschwieg die Mutter sorgsam.

Auf ähnliche Weise, aber aus anderen Gründen, schienen die Hauptpersonen des ländlichen Dramas, ob aus Zufall oder Absicht, einander zu meiden. Nann und Bisch, obschon Beide, und ziemlich oft, den Hüttenberg hinab ins Dorf mußten, trafen sich nie. Es war als hätten Beide, landsfremd, nicht das Geringste von einander gewußt.

Und doch war dem nicht also. In Beiden gieng innerlich viel vor. Der Blonde strich mehreremal auf den Hüttenberg; aber an keinem der gewohnten Plätzchen traf er eine Spur von der räthselhaften Innerroderinn. Ein einzigmal, wo er in ihre Nähe kam, schien sie ihn, wie einen Fremden, kaum kennen zu wollen, und jetzt

kam ihm beinahe vor, als habe er der Schönen blos als jene
Wachspuppe dienen sollen, welche eine Zauberinn mit Nadeln durch=
stach, damit diese einen ganz Andern ins Herz treffen. Der junge
Bisch aber, obwohl er jetzt, wo er im Stande war, sich ruhig zu
prüfen, klar fühlte, es sei nicht rechte Liebe gewesen, was ihn in
der Nähe des Mädchens umstrikt, sondern die Macht der Sinne,
und Herz und Verstand ihn immer mehr zu der schlichten, sittigen
Magdalena Fäßler hinzogen, merkte dennoch wie es in seinem In=
nern kochte, als er von des Blonden neuem Erscheinen am Hütten=
berge vernahm, und dachte sogar, in augenblicklicher Verblendung, ein=
mal daran, ihm auf dem Waldwege unten aufzupassen und ihn
„abzuthun", der sich unterfange, in ihrem Heimatthale Verführungs=
versuche zu machen. Freilich war so was nur wie ein schneller
Luftzug an ihn geweht; sobald er ruhig nachdachte, fand er, Eine,
die sich an einen „Fremden" hänge, was appenzellerisch noch mehr
sagen will als an vielen Orten, verdiene keine Theilnahme, und da
er sie nicht wolle, habe er keinerlei Recht, sich in ihre Abenteuer
zu mengen. Er vergaß die Sache und der Blumenmonat gieng
vorbei.

Eines Abends, es war Montag (appenzellerisch seit der Heiden=
zeit „Guontig", während andernorts blos der Mittwoch Woenstag,
Wodans, Guodens Tag heißt) der vierte im Juni, als Matzenauer
von einer Verrichtung in Gonten unten heimzu hinaufgieng, sah er
vor sich her die eben erwähnte Maria Magdalena Fäßler,
die Tochter Johann Baptists, im Volke „Chrommen Bisches" im
Gschwend, ebenfalls heimwärts gehen. Sich der Worte der Mutter
über sie am Vorabende der Landsgemeinde und alter Anhänglichkeit
erinnernd und dem seit der Katastrophe wieder erwachenden Gefühle
für sie nachgebend, holte er sie ein und grüßte sie. Das Mädchen
(unter uns gesagt, sie hatte ihn im Dorfe unten gesehen und ab=
sichtlich seiner gewartet, was er freilich nicht ahnte) wurde einen
Augenblick bei dem Gruße über und über roth, und ihr Herz pochte
so, daß sie diesen kaum zu erwidern vermochte. Magdalena war
weder so üppig gebaut noch so anlockend schön wie Nann; wenn
aber ihr Gesicht sich von einer innern Erregung belebte, wie jetzt,
schaute, trotz etlicher Sommersprossen, etwas so Seelenvolles daraus,
daß Bisch, wie er sie anblickte, erstaunte, dies früher nicht so beob=
achtet zu haben. Er gieng mit ihr den Weg hinauf. Ihres Ge=
spräch war nicht viel, denn auch sein Herz war gepreßt. „Dir fehlt

nähes (etwas), Leneli, gelt?" fragte er, und sie antwortete: „Gab jez nüts Bsonders, as daß es bahäm nöd ist wie's sy sött". Auf sein weiteres Fragen erwiderte sie, er habe eine gute Mutter; keine zu haben sei ein Unglück. Dann erzählte sie, ihre Stiefmutter habe sie nie recht leiden können und sie immer wie einen Stein angesehen, der ihr im Wege liege. Deßhalb gehe sie soeben damit um, zu einem Vetter nach Eggerstanden zu kommen, der sie schon lang zu einem kranken Kinde gewünscht habe. Plötzlich stuhnd das Mädchen still, faßte Bischs Hand neben ihr und sagte erschrocken: Hast du nichts gehört, Bisch? „Es ist näher (Jemand) om b'Weg (nahe herum). Es hät g'ruschet i de Stuba." — Ich habe nicht acht gegeben, entgegnete Matzenauer, indem er ihre Hand, welche in der seinen zitterte, behielt, und auch nichts gehört. — Nach einer kleinen Pause: Höre, Mabbalena, mir wäre nicht recht, wenn du aus dem Gschwend giengest und gar in eine andere Gemeinde, gerade jetzt, wo mir ist, ich kenne dich viel besser als früher. Gelt, du thusts nicht? — Magdalena schaute ihn hell und treu an und gleich wieder auf den Boden und sagte halb leise: Wenn du's nicht gern hast, Bisch, thue ich's auch nicht. Da bei diesen Worten eine Baumwurzel im Wege sie stolpern machte, faßte ihr Begleiter sie an, und da ihre Wange an die seine stieß, drückte er einen schnellen Kuß auf dieselbe. Es war der erste, den sie empfieng, und der erste, den er im Ernste gab und ohne diesen Zufall nicht gewagt hätte. Kaum war es geschehen, als das Gebüsch auf seiner Seite sich aufriß und Nann mit funkelnden Augen rief: „Jez wäß is, du falsche Hond! du bist wie b' di Lebtig gse (gewesen) bist; aber an b'Nann wirst denke so lang b' an Hoor uff em Chopf häst!" Damit verschwand sie, und man hörte sie durch die krachenden Gebüsche, einem eilenden Wilde gleich, dem Hüttenberge zustürmen.

Beide stuhnden erst verdutzt und sprachlos. Das Mädchen faßte sich zuerst. Bisch, sagte sie bleich, das wird nichts Gutes für dich. Sie ist über die Maßen unbändig, wenn sie in der Wut ist, und zu Allem fähig. — Er lachte. Ich weiß, daß sie stark ist, aber nicht stark genug für mich. Sie wird sich hüten. — Sie ist nicht allein, Bisch. Weißt du, der —? Vielleicht ist er jetzt in der Nähe. Ich fürchte, sie schlägt dir abermal ins Gesicht, wie dort vorm Schulhause. — Das hat sie bereits gethan „am Gmändsonntig", und ich habe genug davon für immer. Hab keinen Kummer, Mabbalena! ich fürchte auch ihn nicht. Eher könnte die Rasende gegen dich was im Schilde führten, ich kenne sie. Wenn ich dann nur um die Wege wäre. Gehe die nächsten Tage nicht allein ab oder auf. Verzeih mir's! — Sie schaute ihn dankbar an und versprach es. Kurz darauf waren sie beim Gschwend, wo sie von einander Abschied nahmen. Das Mädchen erschien in der Stube und grüßte die Stiefmutter so herzlich, daß diese, entwaffnet, ein barsches Wort, das sie bereits auf der Zunge hatte, ungesagt ließ und sie nur anschaute. Magdalena sezte sich zu Tische. Es sah etwas Seliges aus ihrem schönen Auge, und selig schlief sie ein. Was in ihr vorgieng, ist nie Jemand von der Schweigsamen inne worden.

Der junge Maurer aber, der ihr noch nach geschaut, bis sie in der Hausthüre, wo sie sich noch freundlich nach ihm umwandte, verschwunden war, gieng links ob dem Hause hinauf, seiner Heimat zu.

Der, in der Gemeinde Gonten noch heute nicht vergessene, größte Festtag des römischen Kalenderjahres — der 7. im Juni 1849, ein Donnerstag, brach an.

Schon früh um 4 Uhr weckte feierliches Läuten die Gläubigen, und schreckten ungewohnte Böllerschüsse die Kinder in ihren Betten. Um ½ 5 Uhr läutete es das s. g. erste Zeichen und um 5 Uhr war die Frühmesse. Um 8 begann das eigentliche Fest mit dem von neuen Böllerschüssen und dem Pelotonfeuer der vor der Kirche postirten Schützen der Gemeinde akkompagnirten großen Segen, dem Hochamte, der Predigt, und dann erschien die feierliche Prozession, der Pfarrer im s. g. von Goldstickerei glänzenden breiten Rauchmantel unter dem von Beamteten getragenen Baldachin, mit der funkelnden Monstranz, darinn des Tages Hauptsymbol, die geweihte Hostie, das „Hochwürdige" (Venerabile), alle Paar um Paar Mitwandelnde, die Ledigen, die Verheiratheten und Kinder im größten Staate, namentlich die Mädchen blumenbekränzt und aus ihnen ausgewählt, die XIV „Tafelträgerinnen", in ihren Händen die 14 Leidensstationen des Heilands. So bewegte sich der Festzug durch das mit Birken- (appenzellisch „Bilchen-") Zweigen und Blumen geschmückte Dorf, an jedem der 4 im Freien errichteten, schön verzierten Altäre stillehaltend, wo je eines der Festevangelien verlesen und unter Absingen einer Hymnusabtheilung und neuen Böller- und Pelotonsalven ein Segen mit der Monstranz ertheilt wurde, bis zum „Schäfli" vor, dann hinten herum bis zum Kreuz und wieder zur Kirche zurück. Beim Amte war Kirchenmusik und der helle Gesang der vier Schwestern Broger, „Hoptma Tönis", welche nach dem

3

Gottesdienste noch zu Ehren des Pfarrers, wie er im weißen Chorhemde aus der Kirche kehrte, vor der Thüre des nur wenige Schritte entfernten Pfarrhofes vor der herumstehenden und horchenden Menge ein schönes Lied anstimmten, vier singenden Nornen ähnlich, mit ihren ernsten, andächtigen Zügen, worauf die Schützen, auf Kommando, nach einander dem Herrn Pfarrer, den Gemeindebeamteten, dem Schulrathe noch Salven gaben.

Matzenauer, von der Montag Abends geschehenen Drohung beunruhigt, suchte Magdalenen Fäßler, konnte sie aber nicht entdecken, da sie, weil sie Nann wie auf der Wache erblickte, ihm absichtlich auswich. Die Nann ermangelte nicht, einigen Kameradinnen, die dies auffallend fanden, umständlich beizubringen, Bisch und Mabbalena seien entzweit und gestern Abends „in der Täubi" (Unwillen) auseinander; der Bisch habe gedroht, sie müsse erfahren, daß sie ihn zum Narren gehalten.

Als Matzenauer hingegen heimwärts gieng, stuhnd ihm die Nann plötzlich im Wege. Sie sah ganz verändert und abgehärmt aus. Da er seit jenem Abende sie nicht mehr gesehen und dort nur in großer Aufregung, hielt er dafür, sie werde krank gewesen sein. Es war ihm unheimelig, ihr, nach dem Letzthinigen, und wie er sie kannte, jetzt zu begegnen, und er wollte ihr ausweichen; sie aber, welcher seine Absicht nicht entgieng, wußte dies Vorhaben zu vereiteln, und er mußte mit. Nachdem sie ihn gebeten, jenes ihr Benehmen zu vergessen, was er ihr auf die Frage: gelt, du thuist? in die Hand versprechen mußte, so daß einzelne Vorbeigehende nichts andres meinen konnten, als die Zwei werden nächstens die Sponsalien halten, begann sie, sowie sie im Walde an einer einsamen Stelle hielten, wohin sie ihn ihr zu folgen nöthigte, sie sei bisweilen wie von Sinnen, und könnte dann Einen umbringen, wenn er ihr in den Weg träte. Sie sei nicht Schuld, daß er ihr so lieb sei, und könne Krummen Bisches Mädli nie wieder anschauen, so gerne sie es einst gehabt habe. Allmälig leuchtete ihr Auge von einem wilden Feuer, und sie überschüttete ihn mit den bittersten Vorwürfen, und er sollte sich schämen, daß er mit einer „derigen" (solchen) gehen möge. — Jetzt vergieng dem sonst sehr Geduldigen die Geduld, und er fragte: Mit was für einer „derigen?" und warum schämen? Was weißt du was gegen Chrommen Bisches? — Was ich weiß? Daß sie „nüts ist, suber nüts", ein nichtsiges Mädli, „näbes (etwas) Grüens uff b' Suppa, witer uff Gottes Erda nüts." —

Ich bin froh, Nann, daß ich gefragt habe. Wenn du nichts über sie weißt, jetzt wo du „bös" bist, weiß sicher niemand was. Ich wünschte, es gäbe keine Schlimmere als die Maddalena. — Gelt, Bisch, das ist von deiner Mutter, und du hast es auswendig gelernt? — Sag was du willst, Anna Marei, du machst mich heut nicht böse. Was die Maddalena wert ist, weiß Jedermann in der Gemeinde, und wer die Wahrheit reden will, muß ihr ein gutes Zeugniß geben. — Du bist ein „wüster" (häßlicher) Mensch, daß du's weißt, und du solltest mit gar keiner gehen, heiße sie wie sie wolle. — Warum ich mit keiner? — Du weißt so wenig was Lieben heißt als dieses Tännli da. — Ich? — Ja du, sonst könntest du nicht, wie der „Pfifolder" (papilio, Schmetterling) von einer Blume zur andern fliegen. Du bist kalt wie deine Maurerkelle. — Ich? Woher weißt du das? — Ich seh' dir's grad jetzt an. Du könntest nichts aus Liebe für Eine opfern und thun. — Glaubst du das, Nann? — Freilich glaub' ichs, „meh as eba". — Und doch habe ich einst schon als kleiner Bube für Eine geblutet. — Ja eben weil du noch ein kleiner Bube warst. Später verlernt sich das. Ich könnt' es auch, wenn mir Einer recht lieb wäre, „z'Tod lieb". Weißt du was das heißt? Du verstehst mich nicht einmal. — Ich denke, ich verstehe es ein wenig. — Horch, Bisch, z'Tod lieben heißt mit Einem lieber sterben als mit einem Andern leben; z'Tod lieben heißt ihn eher umbringen als einer Andern lassen. — Und das könntest du? — Warum nicht? aber nur wenn er mir so lieb wäre wie ich so eben gesagt habe. — Ich habe von einem solchen Lieben noch nie gehört als in den Erzählungen vom Sennhannes. Dort hat Eine, weil man ihr den Liebsten umgebracht, alle Schuldigen, und ihre eigenen Brüder drunter, in den Tod geschickt, indem sie sie zu einem Festmahle einlud. — Das ist die Meinige. Ich hielt es mit der. Einst wähnt' ich, du seiest auch so, aber du bist seit etwas Zeit ein anderer worden. — Du auch eine Andere, Anna Marei, und vor mir. — Ich, Bisch? Gelt du meinst einen Fremden? — Nein, ich meine deine „Bäsi" vom Gemeindesonntag. — Du Wüster, du! Was ist mir der? ein Affe ist er, und war wohl immer einer. Kam dir gar nie in den Sinn, daß ich mit ihm nur dergleichen that, als es hieß, die Maddalena warte dir auf dem Wege? — Doch, einmal dachte ich so was; aber du hast doch mit ihm geliebäugelt. — Was thut das? Deshalb blieben die Augen doch mein. Er weiß selbst am besten, daß ich ihn für einen Narren hielt. — Er hat mich anfangs fast aus der Haut gebracht. — Der? — Ja der. Einmal hatt' ich sogar im Sinn, ihn umzubringen! — Hättest du ihn mit dem Halstuch erwürgt? — Nein, ich wollte machen, daß man nichts gemerkt hätte, ihm im Walde unten warten, ihn in Josef Zürchers Teuchelroos*) werfen und ihm den Kopf unters Wasser halten, bis er erstickt wäre. — Hier fuhr etwas wie ein Blitz über Nanns Gesicht, und sie rief: Meinetwegen hättest du das thun können; mir wär' es gleichgültig gewesen, ja vielleicht noch willkommen, denn das hätte mir gezeigt, daß du mich noch liebtest. Letzteres würde mir das Herz etwas erleichtert haben, ich könnt' es gerade brauchen, denn daheim wird es je länger je ärger. Die Alten thun wüst über dich und mich, und mir ist wie damals, erinnerst du dich noch? wo ich aus Ueberdruß ins Wasser springen wollte, und du mich abhieltest und tröstetest. Weißt du auch noch mit was? Du schweigst? Das ist schön, daß du so was vergissest! Du sagtest dort: anstatt so Gottloses zu denken, bete und arbeite und spare! Im Herbst heirathen wir dann. Du schweigst noch immer? Ist es nicht dumm, wenn wir wegen eines Laffen, an dem mir nicht so viel liegt (hier blies sie über ihre flache Hand) mit einander „taub" (zornig) sein wollten? — Hier rückte sie ihm, es war einsam unter den Tannen und dichtes Gebüsch rings, und faßte seine Hand. Er zog sie zögernd zurück; sie aber, da sie einmal Bresche versucht, wollte stürmen, und schlang, heftig wie sie war, beide Arme um seinen Hals, ihre heißen Lippen auf die seinigen und ihre ungestüm wogende Brust an die seine pressend.

Matzenauer kam erhitzt erst gegen Mittag ins Gschwendli heim. Der fragenden Mutter wich er verlegen aus, und als sie von Nachbaren vernahm, man habe ihn mit der Nann heimzu gehen sehen, erfüllte schwerer Kummer ihr Herz. —

Nachmittags gleich nach 1 Uhr brach ein furchtbares Gewitter mit Regen und Hagelschlag über das Thal herein, weßhalb die Vesper nach 2 Uhr und der Segen weniger besucht wurden als gewöhnlich, und die Leute auf den Abend meist in ihren Häusern blieben. Desto lebhafter war es, namentlich als es dunkelte, in

---

*) Roos, Ros, ein kleiner oder größerer Wasserbehälter, worinn frisch gebohrte Teuchel liegen bleiben, oder auch roher Hanf, damit er weich, schälbar, „roos" werde.

den Wirtsstuben, im Bären und der Krone. In der Gaststube der letztern war es gedrängt voll, und jeden Augenblick gieng die Thüre auf, um Neuankommende einzulassen, bald junge Bursche in ihren roten Westen, einen Majoran oder eine Nelke im Munde, bald eine Gruppe Mädchen, die, etwas linkisch und verlegen, einander hereinstießen und sich dann sezten. Es ist eine wahre Unsitte, daß an Festabenden in katholischen Gegenden lärmender Wirtshausbesuch stereotyp ist, und z. B. am Ostermontag von einem dieser Berauschungsorte zum andern mit einer Furie getanzt wird, als feierte man wohl den wieder aus der Schattenwelt heraufkehrenden Dionysos, nicht aber den auferstandenen Gekreuzigten. In der Krone freilich gieng es blos froh, nicht wüst, her. Der Wirt, Johann Anton Broger, "Hoptma Tönis", ein Riese von 6 Schuh und 3 Zollen Höhe, seine Frau und eine fast ihm gleich große Schwester Anna Marei, handtierten unermüdet mit Bringen von Wein, Bier, Käse, dem schönen, weißen Appenzeller Brode und "Bescheid thun" Jedem, der ihnen, wie allen eintretenden Bekannten, sein Glas entgegenstreckte, wo sie nippen mußten, wenn sie nicht beleidigen wollten. Am langen Tische saßen an der Fensterseite Brogers Schwestern, die 4 Sängerinnen, neben Zweien von ihnen die Gitarren auf dem Tische. Alles wartete auf ihr Singen, und mancher Ruf ermunterte sie, eben so herzlich, aber minder roh als oft das Scharren und Fußgetrampel vor dem noch geschlossenen Vorhange großer Theater. Als ihr "rother Bernegger" sie erwärmt, begann das Stimmen der Gitarren; der Bruder Franz Xaveri und der Ohm Jakob Antoni stimmten ihre Geigen, und es half nichts, der riesige Bruder Johann Antoni mußte sein Violoncell bringen und sich auch setzen, wofür eines der dasitzenden Mädchen, eine Verwandte, seine Stelle einnahm und aufwarten half. Jetzt begann von den Sieben ein Konzert, bald fröhlicher, bald ernster Lieder, bald Schriftteutsch, bald im Dialekte, bald wirklich auserlesener und brav ausgeführter Variationen, welches auch an größeren Orten dem Publikum wirklichen Kunstgenuß gewährt haben würde.

Bei fortrückender Nacht wurde die Fröhlichkeit etwas unterbrochen, als neue Gäste eintraten, und anfangs flüsternd, dann laut das Gerücht von Mund zu Mund gieng, es müsse im Gschwend oben etwas vorgefallen sein; die stille Magdalena Fäßler sei herunter in die Vesper, aber noch nicht heimgekehrt, und der Vater suche sie im ganzen Dorfe vergebens. Jetzt wurde es still; bald aber wußten Einige von der angeblichen Drohung von Gerers Bischen „Buob", Andere, die all solches für Erfindung der Nann erklärten, äußerten entschieden, das Mädli werde, wie man ihm schon wiederholt gerathen habe, der Stiefmutter und ihren Quälereien endlich aus dem Wege gegangen und nach Eggerstanden sein. Zu dieser Ansicht vereinigten sich endlich Alle, und wie bei einem ins Wasser geworfenen Steine der Ring, verschwand allmälig die Spur des in die Freude hineingeworfenen Zwischenfalles, und die Musik nahm ihren Fortgang.

Im Bären, wo ein Harmonikaspieler aus dem Hauptflecken eine Zeitlang die Masse Zechender unterhielt, gieng es viel lärmender her, mußte der Musensohn ein Lumpenlied nach dem andern aufspielen und tobte das Singen, bald Schreien und Fußgetrampel und später Händel und Drohungen bis nahe vor Tagesanbruch.

So war der verhängnißvolle Unserherrgottstag in Gonten vorbeigegangen. Seine Geheimnisse aber ahnte noch Niemand; die Nacht deckte sie, und ein einzig Auge hatte ihnen zugesehen, wie es eben schon auf Vieles herabgeblickt hat.

5. Die Vermißte wird gefunden.

Am 8. Juni, Freitags, munkelte man erst und redete allmälig immer lauter, und meist bestimmter je weniger man wußte, in allen Häusern. Von Magdalena Fäßler war nirgends eine Spur, ihr Vater war schon früh wieder im Dorfe und überall, wo er irgend denken konnte, das Mädchen möchte ein Asyl gesucht haben. Alles vergebens. Ein Bote, den er nach Eggerstanden gesendet hatte, kam mit der Nachricht zurück, der Verwandte wisse nichts von der Vermißten, und sie seien dort „schulig" in Angst über den Vorfall. Die Vermutungen wuchsen wie Pilze. Bald wiederholte man Nanns Ausstreuung von ausgebrochenem Zwiste zwischen dem Mädchen und „Gerers Bischen Buob" und des letztern allerlei Mutmaßungen Raum gebendem Drohen, bald aber umgekehrt, man wolle ihn am Vormittag des Unserherrgottstages mit der Nann gehen gesehen haben, und Beide müßen im Walde lange bei einander verweilt und vielleicht gemeinsam, Gott wisse was, abgekartet haben; Riedsennen Gnazis sei wunderlistig, wenn sie Jemanden zu irgend etwas bringen wolle, der „Buob" aber ein guter „Tscholi" (fügsamer Bursche), der ihr alles zulieb habe thun können.

Auf Hüttenberg oben erschien, aus Auftrag „Krummen Bisches", Baptist Fäßlers, des Vaters der Magdalena, wo auch die sonst etwas harte Stiefmutter sehr unruhig war, Kapfs Hannes, mit der Bitte, die Nann möchte hinunter kommen, es heiße in Gonten unten, sie sei am Unserherrgottstag während der Vesper mit der Vermißten heim. Nann erschrak, als hätte sie eine Natter gestochen, faßte sich aber im Nu und erklärte sich bereit. Ihre Mutter, welche einen forschenden Blick auf sie geworfen, sagte, sie wolle mit und horchen, was die „U'flöt" (Unfläter) in dieser Sache von der Nann wollten. Sie giengen. Wie sie „im Gschwend" in die Stube traten, gieng Krummen Bisch unruhig in derselben herum, sein Weib aber saß am Tische und heulte, daß so was über ihr Haus kommen müße, und rede alles davon, als sei sie schuld, wenn das Mädli sich etwas angethan habe („Gott bhüet-is dervor!"), und habe es ihr doch nie an etwas fehlen lassen, so gut es arme Leute vermögen. — „Seb (dieses, selbes) wäßi nöb", erwiderte die Barbara Antonia, Nanns Mutter, spitzig, „ond goht-mi nüts a"; aber wissen möcht' ich, warum ihr uns herunter sprenget. Die Nann betheuert, sie habe die Maddalena den ganzen Herrgottstag nie gesehen. — Du mußt's uns zugut halten, Babeli, sagte der Fäßler, in der Angst thut man viel, und mir versicherte man bestimmt, man habe das Mädli mit der Nann zur Vesperzeit von der Kirche weggehen gesehen. Seither will kein Mensch mehr was von ihr wissen. Das ist „ful ond verloga", fiel die Nann heftig ein, ich „wäßa nüts vom Mädli". — Das weiß der allmächtig Gott, sagte die Stiefmutter, aber in einer solchen Lage frägt man, wo man irgend eine Antwort erwarten zu können glaubt. „Nend (nehmet) nüts för unguot!" wir sind gestrafte Leute. — Hiemit entfernten sich die Zwei, die Mutter aber war auf dem ganzen Wege brummend und stechend. Daheim brach sie in Schimpfen über die Tochter aus, erzählte dem Vater ihren Gang und berichtete: „das Mädli hat grab ausgesehen wie eine Leiche, und ich weiß nicht was der Kog hät." Der Alte sah sie blos an, ohne einsweilen was zu äußern; aber er wanderte von da an Stunden lang auf seinem Boden herum, oft stille stehend und mit sich selber halblaut redend. Drinnen in der Stube, wo immer die Frau der Nann ihren Kopf erblickte, gieng es desto lauter her. So auch den 9. Samstags durch.

  Matzenauer war wie verwandelt. Ueber den Grund davon brachte Niemand ein Wort aus ihm; er schritt umher wie ein Schatten, und seine Mutter, selbst ergriffen genug, wollte ihm nicht mit Reden noch schwerer machen; sie sah ihn nur häufig an, schüttelte den Kopf und weinte, aber leise, und nur wenn ihr Sohn es nicht sehen konnte.

  Sonntags den 10. verweilte Gnazis Nann ungewöhnlich lang beim Ankleiden in ihrer Kammer, eilte dann herunter nach Gonten in die Kirche, aber (die Leute schienen sie so sonderbar anzuschauen, sogar die Mutter Gottes vom Nebenaltar links) vor Beendigung des Amtes hinaus und, ohne daß sie daheim etwas angezeigt hatte, ins

„Dorf", d. h. Appenzell zu, auf dem Wege absichtlich jeder Gesellschaft ausweichend, und einige junge Bursche, die sie anreden wollten, gegen ihre sonstige Gewohnheit, tüchtig „abschnauzend". Im Dorfe angelangt, trug sie dortigen Goldarbeitern und Händlern Silberwaaren an: Brückleketten, Korallen, Eicheln und das Schloß von einem „Halsnoster" *), und verkaufte sie, ziemlich hastend dabei. Den Erlös davon brachte sie jedoch nicht heim, obgleich sie, nachdem sie, und wieder wortkarg, einen Schoppen im Adler getrunken, heimwärts eilte, sondern bezahlte damit der Kreuzwirtinn in Gonten jene von dieser gekaufte Halskette, womit sie am Landsgemeinde-Sonntag geprangt, deren Bezahlung sie der Wirtinn auf den Herrgottstag versprochen hatte, und von der sie wiederholt gemahnt worden war. Die Frau schaute das etwas verwirrt aussehende Mädchen forschend an, sagte jedoch nichts weiter, und versorgte ihre sieben Gulden in den Schrank im Nebenzimmer.

Montags den 11. hatte Nann in Vordergonten überm Bache, der das Dorf in Hinter- und Vordergonten scheidet), im Kramladen und bei der Näherinn zu thun. Sie hielt sich lange bei ihr auf, allerlei über das herumlaufende Gerede fragend und ohnehin nicht eilend, auf den Berg heimzukommen. Es war $1/_2 9$ wo sie in den Bären kam. Hier war sie besonders bekannt, da ihre Mutter, wenn viel Gastung war, oft aushalf, und sie äußerte zum Wirte, wenn sie nur Jemanden wüßte, der sie heim thäte; sie fürchte sich allein und habe zu tragen. Dieser erwiderte lachend: ich bin verheiratet, Nann, und es schickt sich nicht für mich, mit einem hübschen Mädli allein in den Wald zu gehen, „mi Fröwli" bekäme schlimme Gedanken; aber mein Knecht da ist ledig, der begleitet dich gern. — Es war" Wettersch **) Seppantoni", der eben hereintrat. Sie hatte auf dem Tische einen Pack Kaffee, Branntwein und ein „Dach" (Regenschirm). Seppantoni nahm ihr letzteres ab und fragte, warum sie sich fürchte, die doch so „kuraschirt" sei und hundertmal allein auf den Hüttenberg? — „Zusen Pfifers" Knecht hat mich erschreckt, es passe ein schwarzer Mann „im Wald omma" (oben); drum fürcht' ich mich. — Der Knechte lachte und sie giengen.

---

*) Die Halskette heißt so von der Aehnlichkeit mit einem Paternoster („Betnoster, Noster").

**) D. h. Wetters. Den sch am Ende liebt der Appenzeller, z. B. Webersch (welches von beiden)? Etwedersch (eines von beiden); 's Doktersch (Toktor). Worsch globa (das sollt' ich meinen). Wie im Vorarlberg und Wallis.

Wie sie, an der Krone vorbei, am Pfarrhofe in die Güter einbiegend, vorbei an Müllis Seppen und über die Schwarz in Josef Zürchers Weide sich der dortigen Teuchelrose näherten, wo der Wald anfängt, fragte sie, plötzlich stille haltend und hinüber schaudernd: Fürchtest du dich nicht, Seppantoni? — Ich? „nä. Worom?" — Siehst du nichts? — Was sollt' ich sehen? — Nichts, mir war nur, als liege was Weißes in der Roose unten.— Das ist der Schaum vom rinnenden Wasser. Du hörsts ja rauschen. Der schwarze Mann wird doch nichts Weißes haben? — Sie schwieg, und ohne viel Worte kamen sie durch den Waldweg auf Hüttenberg an. Vor der Hausthüre äußerte sie noch: Aber gelt, du sagst den Alten, ich habe mich nicht gefürchtet? —

Der Knecht übernachtete oben, was die Nann erst hatte hintern wollen. Er hörte, wie sie die ganze Nacht unruhig herumschoß, und verließ das Haus Dinstags, den 12ten, früh, ohne sie zu sehen.

Diesen zwölften, Nachmittags, redeten sie in Müllis Seppen, „in der Wies" wie alle Tage bisher, von der Vermißten und den Vermutungen, die umher flogen. Sepps Frau wies entschieden Alles zurück was man auf den Matzenauer wälzen wollte; ihr Mann selbst sagte nicht viel, dachte aber seine Sache, und war der Meinung, darinn ziemlich klar zu sehen. Gegen 3 Uhr verließ er das Haus, um nach seiner Waldung und seinen Kartoffeln zu sehen, und gieng, die Hände auf dem Rücken, auf seinem Boden herum. Wie er aus dem Walde heraus auf des Nachbar Zürchers Weide und zufällig der dortigen Roose näher kam, die, ein paar Schritte vom Wege, Nann gestern Abends erschreckt hatte, fesselte etwas seinen Blick. Er trat an den Rand und gewahrte im Wasser, auf dem Rücken liegend, den Leib einer ganz sicher todten weiblichen Person, denn das Gesicht war schon ganz dunkelfarbig und aufgedunsen. Schnell eilte er zum nahen Gemeindshauptmann, und mit dessen Hülfe hob er die Leiche auf den Rasen, wo sie, trotz der Entstellung, in derselben die vermißte Magdalena Fäßler, „Chrommen Bischen" Tochter, erkannten. Unverweilt schickten sie an den letztern ins Gschwend hinauf, woher er bald mit großen Schritten herunter kam und die Hände zusammen schlug, als sich ihm bei der Roose das traurige Schauspiel darbot. Der Mann litt furchtbar, weil ihm die Vorfälle im Hause vor der Seele schwebten (sie hatten ihm oft genug wehe gethan, er aber, unterm Einflusse der Stiefmutter, ein

Auge, meist beide, zudrücken müssen) und beim ersten Anblicke der schwärzlich gewordenen Gestalt, die er kaum erkennen konnte, der Gedanke durch ihn gefahren war, das arme Wesen, seit etlichen Tagen in immerwährender Aufregung, habe seinem Leben freiwillig ein Ende gemacht. Er gehörte indessen zu den Bergnaturen, die ihr Gefühl in sich zu behalten die Kraft besitzen; er zeigte vor den Nachbarn nichts davon und half anscheinend ruhig eine Tragbahre herschaffen, mit Tannzweigen belegen und die Todte drauf binden, worauf zwei Männer sie denselben Weg hinauf trugen, wo gestern vor 8 Tagen Matzenauer die Lebende getroffen und heimbegleitet hatte. Dazu hatten sich zwei Nachbaren anerboten und den Vater, welcher selber hinten Hand angelegt hatte, weggestoßen.

Wie sie aus dem Walde hervor der ebenen Weide und dem Hause näherten, saß die Stiefmutter unter einem der dort stehenden Kirschbäume. Sie hatte, als sie die Tritte der Tragenden im Walde vernommen, das Gesicht in die Hände verborgen, nahm sie aber jetzt weg, und brach, als sie das auf den Tannzweigen Liegende bewahrte und in ihres Mannes Gesicht las, welcher, je näher er kam, desto weniger fest auftrat und am Ende beinahe wankte, in lautes Schluchzen und Schreien aus, ohne die Kraft, aus ihrer sitzenden Stellung aufzustehen. Krummenbisch, wie die Mannen an der Thüre anlangten, half die Stricke losbinden, sein Kind in die Stube auf eine Bank tragen, dankte ihnen dann, nachdem er ihnen vergebens Most und Brot angeboten, mit kurzen Worten, bat noch den Einen, "Hächen-Wib" (des Todtengräbers) heraufzuschicken und entließ sie. Erst als er sie im Walde verschwinden sah, lehnte er seinen Kopf an eine Wand, seine Brust arbeitete heftig und stille, aber heiße Thränen quollen reich durch seine braunen Finger. Seine Frau, der diese Stille in der Stube viel unheimlicher war als wenn er getobt hätte, wankte endlich vom Baume herein, drehte ihn an seinem Arme um, und Jedes schaute stumm in des Andern Jammergesicht. Dann traten sie, wie verabredet, zur Leiche des armen Mädchens, brachen vereint, sich immer an der Hand haltend, über sie hin in lautes Weinen aus, und setzten sich endlich müde, er zu Häupten und sie zu den Füßen Magdalenens.

So traf die Beiden das bald anlangende "Hächenwib", welches nun der Gestorbenen die Haare von den Kreß- (Tann-) Nadeln und dem Harze reinigte, dann sie auszog, und mehr als eine Stunde an ihr zu waschen hatte. Die längst aus- und abgebrauchten Trostgründe des Weibes: Maddalena sei immer ein sittsames „Mädli" gewesen, sie solle froh sein, daß es jetzt der bösen Welt los sei und es überstanden habe, hatten die beiden Eltern nur halb gehört; aber ein Wort der Leichenfrau rüttelte plötzlich die Erstarrung von ihnen, als sie, wie vor sich hin, während ihrer Arbeit sagte: das Mädli hat sich „nit selber tödt" (getödtet); die Brüchliketten sind gewaltsam abgerissen, das Halsnoster, wenn du es nicht hast, Bisch, ist fort, und Brüchli und Rock „verzerrt" (zerrissen). Das hat „näber (jemand) anderscht" than und sie hat sich gewehrt. Jetzt untersuchte die Stiefmutter, der es wie leichter wurde ob den Worten, den Rock, und sie glaubten, von einer Gewaltthat überzeugt sein zu dürfen, um so mehr als die Stirne, Nase und der eine Schlaf starke Quetschungen wiesen. Diesen Trost nahm ihnen am andern Vormittag, Mittwochs, den 13. Juni, die Sektion wieder, als die zwei Aerzte des Hauptfleckens ins Haus kamen und untersuchten. In ihrem amtlichen Befunde heißt es: „Wohlgebauter Leib, mäßig fett, ohne Spur von Gewaltthat. Die Stirne ganz mit Blut unterlaufen, auf der einen Seite Quetschung, auch auf der Nase, mit Blutausflusse. Der Körper in jungfräulichem Zustande." Die zwei Herren nahmen an, das Mädchen müße im Dunkel der Nacht wahrscheinlich vom Wege abgeirrt, durch einen Fehltritt im nassen Grase in die Roose auf die Teuchel gestürzt, halb in Ohnmacht auf den Rücken gekommen und an Gehirnaffektion gestorben sein. Daß jenes gar nicht der Weg in ihre Heimat gewesen und was die Eltern von den abgezerrten Silberketten und dem zerrissenen Gewande sagten, davon nahm man nicht Notiz, und die vernichteten zwei Leute konnten auch nicht viel reden. Wie die Aerzte weg waren, saßen sie wieder in derselben Betäubung wie vorher neben der Leiche, zwei Bildsäulen des wahrsten Schmerzens.

„Krommen Bisch", so wie er etwas zur Besinnung gekommen war, zog sich sonntäglich an und machte sich, ohne ein weiteres Wort, als: „i mueß i b' Fürschau*) abi, ond cha si (kann sein), vielleicht i b's Dorf (d. h. Appenzell) inni" (hinein), auf den Weg nach Gonten. Was „Hächenwib" geäußert und er selbst an Magdalenens gewahrt hatte, wurmte ihm je länger je mehr im Kopfe. An diesem Punkte hieng nicht nur seiner Frau und seine eigene künftige Lebensruhe, sondern seines armen Kindes ewige

---

*) Der eigentliche Dorfbezirk.

Seligkeit. Selbstmord, oder wie das Volk sagt, Verzweiflung, ist diesem das Furchtbarste, in das ein Mensch fallen kann. Er wollte ins Klare kommen. In Gonten wohnte damals ein sonderbarer Mann, der Kölbener, oder nach Landesart „Scheien Hans Jakob" geheißen, gewesener Rathsherr, ein Zauberer und im Besitze eines „Bergspiegels", eines Gerätes aus der Zwerge- und Vinetierzeit, worinn der Kundige verborgene Dinge sah. Zu diesem trat Krummen Bisch in die Stube und sagte ihm was ihn drücke und auch was er mutmaße. Hans Jakob schaute ihn, nach Gewohnheit, wenn er recht scharf sehen wollte, mit einem Auge an, nahm ihn dann, ohne eine Sylbe zu äußern, in sein „Stübli" (Nebenzimmer zum Schlafen und zu vertrauten Sachen), wo er das räthselhafte, runde, in ein Tuch geschlagene Ding aus dem innersten Schubfache seines Buffetlis hervornahm und hineinsah. Du hast recht, Bisch, sagte er sogleich, es ist wie du meinst, und ich weiß jezt so ziemlich wie. Lauf wie du gehst und stehst ins Dorf und zum Zeugherr Fäßler, und sag ihms. Aber so „gschwind as b' magst", sonst schmilzt er alles ein. Jez frag nichts weiter und renn! — Damit stieß er den staunenden Gschwendler zum Stübli hinaus und verbarg seinen Spiegel *).

Krummen Bisch, als hätte man ihm das Elixir der Bergmännchen eingeflößt, fühlte Jugendkraft in seinen Beinen, was er gläubig dem Blicke des ihm aus der Hausthüre nachschauenden Sehers zuschrieb und war in nicht viel mehr als einer halben Stunde, schiens ihm der Sonne nach, in Appenzell, wo er schwitzend zum Zeugherrn Fäßler stürzte, welcher einen Silber- und Goldwaaren-Laden hielt. Wie er diesem sein Anliegen hastig eröffnet hatte, holte der Zeugherr aus einer Schublade eine silberne Kette mit Eicheln und zeigte sie ihm. Jesus Maria, rief der Vater erschrocken oder erstaunt, das ist ihres. Woher habt ihrs? — Letzten Sonntag von Riebsennen-Gnazis Nann gekauft, die mirs brachte. Bist du sicher, Bisch, so lauf zum Landstatthalter Heim **) und mach' Anzeige! — Der Mann antwortete nichts, athmete blos 2, 3 mal recht tief, als sei er erst jetzt den weiten Weg gelaufen, grüßte dann kurz und war

---

*) Der Mann starb bald darauf „eines gähen Todes", erzählte man mir, was Leuten seiner Art meist begegne.

**) Der Landstatthalter ist der gesetzliche Verhörrichter in Innerroden.

in wenig Sekunden beim Statthalter, wo er Anzeige machte. Dieser notirte etwas auf ein Papier, schickte nach dem Weibel und hieß den Mann, dem er ein Glas rothen Weines reichte, daheim still und ruhig sein und abwarten was die Herren thun werden. Die Sache, von welcher er auch schon gehört habe, werde schon an den Tag kommen.

Bisch flog abermal mehr als er gieng und war bald wieder im Gschwend oben, wo er, nach Sitte, bereits bei der Leiche betende Nachbaren traf und, die Frau ins Stübli winkend, der Staunenden kurz meldete, was er ausgerichtet, und ihr Stillschweigen empfahl. Ja, ja Stillschweigen anbefehlen einem bekümmerten Weiberherzen, das beinahe springt, und wo das gepreßte Geheimniß, es mag wollen oder nicht, zu allen Fugen heraus bringt, und falls es dies nicht könnte, Reif und Daugen sprengen müßte! Bald wußten einige Basen und Befreundete viel mehr als die arme Frau selbst und der Telegraf arbeitete, denn den ganzen Nachmittag strömte Klein und Groß dem Gschwend zu, um „Chromma Bisches Mädli todtna" zu sehen. Gebetet wurde viel, aber noch mehr geschaut, gewinkt, geflüstert. —

Im Hüttenberge oben war jetzt alles erstillet. Nann hatte gestern Abends, wo man vernommen, das Mädchen sei gefunden worden, „in Melißefelis usi" müssen, aber im Heimwege abermal „schulig" Furcht empfunden, und „von des Dävis weg" hatte es wieder der Knecht beim thun müssen. Heute, wie der Riebsennen-Gnazi heim kam (es hatte ihn auf dem Berge nicht gelitten, sondern die Unruhe ihn hinunter und ins „Dorf" getrieben) herrschte er unwillig: Ihr sitzet ja wie wenn Haus und Stadel abgebrannt wären, auf den leeren Mauern! — Dann zur Nann: „Mädli, sag, wann hast den Strohls-Choga tödt?" — Nann, so bleich sie war, läugnete frisch, irgend etwas von der Sache zu wissen, und die Mutter, in allem die Besonnenste, forderte sie auf, mit ihr hinunter ins Gschwend zum Beten zu kommen. — Nann mochte vorschieben welches Weh sie wollte; es half nichts, wenn Frau Barbara Antonia einmal etwas beschlossen hatte. Mach's kurz, fuhr sie das Mädchen an, das wird den Leuten hie Mäuler am besten stopfen. Ja, das wäre sauber, wenn von uns niemand käme; wir stühnden nächstes Jahr im Kalender. —

Je näher sie dem Gschwend kamen, desto ungeberdiger benahm sich die Tochter. Sie wäre der Mutter einigemal im Walde aus-

gerissen, wenn diese, der das keineswegs entgieng, sie nicht scharf
im Auge behalten und einmal so kräftig am Arm angefaßt hätte,
daß sie nahe daran war, einen Schrei auszustoßen. Vor der Hausthüre, als sie die Stube voll Leute gewahr wurde, bäumte sie sich
wie ein junges Füllen, das man an die Stange gewöhnen will, so
daß die Mutter sie förmlich hinein schleppen mußte. Zum Besprützen
der Leiche mit dem in einem Glase mit Weihwasser steckenden Buchs-
zweige,* wie Sitte jedes Ankommenden und Gehenden war, brachte
sie aber niemand; das that die Mutter für sie. Sie selbst schaute
nicht hin und warf sich, aus Instinkt, dicht zwischen zwei betende
Kamerädinnen auf die Knie, wo sie wie eingekeilt blieb. Es war
ihr Glück, denn ihr „geschwand" (wurde ohnmächtig), aber ohne
daß ein Mensch es inne wurde, da sie ihr Haupt tief auf die Bank
neigte. Manche schrieben ihre Aufregung dem Umstande zu, daß
sie seit der Schulzeit in der Gestorbenen ihre vertrauteste Gespielinn
gehabt hatte. Unzähligemal waren sie den Wald herauf heim und
dann die Magdalena rechts ins Gschwend und sie links hinauf der
Berghöhe zu. Nann kümmerte sich indessen um nichts was man
um sie dachte, um nichts was in der Welt vorgieng; ein einziger
Gedanke, nur ihr bekannt, wogte in ihrem Gemüte, sie erhob kein
Auge von der Bank und man glaubte, sie bete tief. Sie betete
aber nicht; sie brütete blos, gleich einer in einer Schneelaue oder
einem Bergsturze Verschütteten (sie hätte sich gerne in diese versetzt).
Nach Langem und sich unbemerkt glaubend, weil man gerade laut
und gemeinsam den Rosenkranz hersagte, warf sie den ersten Blick
zu der Stelle hin, wo sie den Gegenstand ihrer unsäglichen Angst
ahnte. Er war nur kurz, dieser Blick, zeigte ihr aber zwei Dinge,
sie wußte nicht welches ihre Seele stärker traf. Auf der Bank,
neben einem brennenden Lichtchen, das Krucifix zu den Häupten,
lag, bedeckt von einem Tuche, ihre todte Gespielinn, deren gefaltete
Hände unten und das Gesicht oben durch die Hülle ihre Form
zeigten. Nann schauderte, und gewahrte ein Zweites. Nahe dem
bedeckten Haupte kniete, tief ergriffen betend, **Baptist Matzenauer**, bleich, Schweißtropfen auf der Stirne. War es Zufall oder
nicht, in demselben Momente warf dieser einen Blick auf Nann. Es
war ein Schmerzensblick, der ihr aber, in ihrer Seelen- und Ge-
wissensstimmung, als ein Zornesblick erschien. Sie hielt ihn nicht
aus, so wenig als Sonntags im Amte den Blick der Muttergottes;
sie schlug ihre Augen nieder auf den Boden, und glaubte sich wie

aus einem Alptraum oder unter einer „Schneclaui" erweckt, als ihre Mutter sie an der Schulter anrührte und zum Gehen winkte. Jezt nahm sie sich so zusammen, daß sie sogar das Weihwasser auf die Leiche sprizen konnte, fühlte aber erst an der frischen Luft draußen, daß sie aus der Verschüttung gerettet sei.

Auf dem Wege sagte ihre Mutter, gegen ihre Gewohnheit, wenig und schaute die Tochter blos auf Augenblicke forschend an, was diese ziemlich unbefangen aushielt, so daß die Frau doch nicht recht wußte, was sie von der Sache zu halten habe.

Daheim nahm der sie erwartende Sennengnazi, ohne zu reden, ein amtliches „Bott" (Gebot) vom Kalender an der Wand herab, nach welchem „Anna Maria Serafina Koch, des Ignazis eheliche Tochter", morgen, Donnerstag, am 14. Juni früh auf dem Rathhause in Appenzell vor der Verhörkommission zu erscheinen und auf die an sie gerichteten Fragen „Red' und Antwort" zu geben habe.

6. Das Verhör und die Angabe.

Am Donnerstag früh eilten die Nann und ihre Mutter den Waldweg vom Hüttenberge herab. Erstere war stumm, aber in ihrem Innern lochte es heiß und heftig; die Frau hatte gestern Nachts und heute schon so viel geredet, daß sie einstweilen erschöpft war. Als sie unten aus dem Walde traten, wo links vom Wege die verhängnißvolle „Roose" liegt, mußte die Tochter, so sehr sie sich bisher zusammen genommen hatte, stillhalten, und sagte zur Mutter, indem sie hindeutete: Mutter, hast du gehört, was 2 Raben riefen, die dort von der Roos auffliegen? — Du dummes Mädli, was hast du für Einfälle? Sie rufen, was die Raben in der ganzen Welt, denk' ich, rufen. — Nein, das hab' ich besser verstanden; sie haben 3 mal gerufen: du Kog! du Kog!*) Damit meinen sie mich, und du hast mich am Freitag eben so geheißen. — Die Frau schaute Nann starr an, sagte aber bloß: Aha, ist das so? zog sie dann weiter und schwieg. Sie mußte indessen wohl, daß jenes Schimpfwort in Riedsennen=Gnazis nicht selten vernommen werde, und redete sich endlich ein, das Mädchen werde vom gestrigen Tag und dem im Hause immerwährenden Schmälen aufgeregt sein. Im Dorfe mußte Nann, auf gestern Nachts noch durch den Meßmer erhaltene Weisung, in den Pfarrhof. Frau Barbara wollte nicht mit eintreten, als die Köchinn die Thüre öffnete; sie begab sich unter das Kirchenvordach, damit kein Vorbeigehender sie auf dem Kirchhofe erblicke, und wartete hier auf ihre Tochter. Zum Beten war sie zu sehr aufgeregt und zu wenig gesammelt; aber es giebt Ge-

---

*) Wörtlich historisch. Kog, Keib, heißt Aas.

müter und Momente, wo, dem Menschen unbewußt, zuweilen wider seinen Willen, sein Inneres vor der unbekannten Macht, oft während er ihre Existenz läugnen möchte, sich beugt und auf die Knie stürzt, wo sein Gram die Hände ringt und im geheimen Prozeß eine peristaldische Bewegung vor sich geht. So hier. Es war ein ungebildetes Appenzellerweib, das vor der geschlossenen Kirchthüre in Gonten auf den Steinen saß, eine Niobe des Gebirges, die dem auf ihr Kind pfeilabschießenden Gotte ins Gesicht schaute, selbst zum Steine geworden.

Sie hörte die Pfarrthüre weder aufgehen noch zuschlagen; ihr ganzes Leben zog an ihr vorüber, seit sie, ein Kind, an demselben Platze mit anderen „Steinchen" gespielt; aber es war nicht ein Forellenbach durch grünes Gras und nickende Büsche; es war ein Strom, der jetzt schwoll und wild auf sie herbrauste, und sie erwachte erst, als die Tochter die Hand auf ihre Schulter legte. Sie fuhr auf und lugte forschend in Nanns Gesicht. Es schaute viel aus diesem Gesichte; sie konnte indessen nicht klar draus lesen, denn Sennengnazis Kind hatte früh gelernt, ihr Gesicht zu bemeistern. Aber ein fester Entschluß schien darauf verzeichnet. Das Weib ließ indessen nichts verlauten, schaute vorsichtig, ob Niemand auf der Straße sei, und als ihr Ausblick sie darüber beruhigt, zog sie die Tochter hinaus, und sie huschten leise durchs Dorf hinaus, Appenzell zu. Erst als sie die letzten Häuser hinter sich hatten, begann sie etwas langsamer zu gehen, und da des Mädchens Züge immer gleich verschlossen blieben, suchte sie, einer klugen Hebamme in einem kritischen Augenblicke gleich, vor Allem des „Kindes Lage" zu erfahren, um sodann ihre Handgriffe nach Umständen einzurichten. Nanneli, hob sie an, und freundlicher als diese Tage her, es will mir scheinen, der Schwarzrock habe dir recht heiß zu machen verstanden. — Als Nann stumm blieb, fuhr sie fort: Hat er dich recht geplagt, Kind? — Das könnt' ich nicht sagen, Mutter, antwortete Nann zögernd, er meint es gut mit mir, besser als ich verdiene. Hier brach sie in bittere Thränen aus. — Was muß ich sehen? entgegnete Barbara. Hat er dich so lind gelockt in der kurzen Frist? Zu lind ist nicht gut. Die Herren im „Dorfe" haben gar gute Zähne. — Die Tochter horchte auf. Jetzt schien das Spiel gewonnen. Weißt du, was auf das herauskommt, welches gesteht, das Mädli „töbt" zu haben? Kopfabhauen, so sicher als wir Zwei da mit einander gehen. — Nann schauderte zusammen. All ihre gesunde Lebensluft schien ihr gewaltsam gegen Herz und Kopf zu strömen und einen gefaßten Vorsaz wegzuspülen. Sie horchte bereitwillig, aber ohne eine Sylbe zu erwidern, als die Mutter eine Rede begann, die, wenn auch nicht an Gelehrsamkeit, doch an Konsequenz einem Macchiavell Ehre gemacht haben würde. Sie mußte den Stoff die Nacht durch tief zurecht gelegt haben. Es war nicht gerade ein Geheiß, zu lügen, aber ein Auseinandersetzen, wie man durch Um- und Abwege den Feind irre führen und sein Leben in großer Gefahr retten könne. In welchem Mutterherzen schläft die Liebe zum Kinde, wenn sie es in Not erblickt? Und tritt der Familienstolz hinzu, so wird sie doppelt stark. Ihr gefiel zwar nicht, und sie schaute die Tochter deshalb wiederholt zweifelhaft an, daß diese zu Allem so viel sagte, als redete sie zu einem Baume; aber Manches, das in diesem Gesichte vorgieng oder vorzugehen schien, beruhigte sie wieder. Und so langten Beide auf dem Rathhause an, wo der schon wartende Landweibel Nann in die Weibelstube wies, und der Mutter bedeutete, sie habe von der Tochter für heute Abschied zu nehmen; die Herren werden gleich erscheinen. Auf die Frage derselben, ob, falls es länger daure, was sie zwar nicht hoffe, sie die Nann zuweilen sehen könne, antwortete der Rathsdiener: Je nachdem, ich glaube aber wohl — nahm dann einen alten Brabanterthaler, den sie, zum Staunen der Tochter über die an der Mutter ungewohnte Splendidität, aus ihrem Taschentuchzipfel hervorlangte, nach etwas Weigern an, und nachdem er mit der Frau über deren Verköstigung geredet, drückte diese Nanns Hand, winkte ihr mit den Augen bedeutsam zu, und verließ das Rathhaus. Jezt athmete das Mädchen tief auf, fühlte sich aber so ergriffen, daß sie erbleichte, sich an der Wand halten mußte und der Weibel sie auf die Bank führte und niedersetzte.

Eine Stunde darauf erschien Baptist Matzenauer, welcher heute, als er oben an eine Maurerarbeit wollte, ein ähnliches Weibel-Bott erhalten hatte. Seine Mutter war erschrocken, hatte sich aber bald beruhigt, als sie mit dem Sohne geredet und der die Vermutung ausgesprochen, es könne die Vorladung nichts betreffen als jene von der Nann ersonnene und ausgestreute Drohung wider Krummen Bisches Mädli, wovon sie, da für etwas Erdichtetes keine Zeugen möglich seien, bald werde abstehen müßen. Die Mutter verabschiedete ihn ruhig, nicht anders glaubend, als morgen spätestens, vielleicht sogar noch heute, werde Bisch aus dem „Dorfe" gerechtfertigt heimkehren.

Unterm Rathhause anlangend, sah Matzenauer seinen Götti aus der Gasse herein und auf sich zukommen. Was thust du da, Bub? fragte er. Ich bin heute gar früh daheim weg, da ich hier ein Geschäft hatte, und dachte gleich, es werde was los sein; Riedsennengnazis sind herein, „'s Wib ond 's Mädli. Si werid wössa worom". Aber du? — Bisch erzählte vom Bott (der Zitation). Der Götti schaute ihn verwundert an, und sagte dann: Die Herren wollen dich vielleicht als Zeugen verhören. Horch, Bisch, sag mir, aber ehrlich, bist du am Hergottstag Vormittags mit der Anna Marei aus der Kirche heim? — Heim nicht. Sie holte mich auf dem Weg ein und bat mich, eine Strecke weit mit ihr zu gehen. — Ich habe so was gehört, und sie muß sehr eifrig mit dir „prächtet" (gesprächelt) haben. Ist das auch? — Hier wurde der Matzenauer verlegen und antwortete: Ei ja, das thut sie oft, wenn sie von ihren Flausen im Kopfe hat. — Sie muß welche gehabt haben, denn grad wo ihr bei einem meiner Bekannten vorbei seid, soll sie gesagt haben, du sollest ihr etwas in die Hand versprechen. Gelt, Bürschli, du sagst dem Götti nicht was das gewesen ist? — Der Junge zögerte, schaute auf die Seite, und sagte dann; eh, Besonderes wars nichts, als sie hatte mich „ertäubt" (erzürnt) und ich sollte ihrs vergessen. — Wird gut sein, entgegnete der Götti, fast etwas ungläubig, wenn's sonst nichts war. Dann wirst du bald los kommen. — Sonst nichts, erwiderte Bisch, und ich hoffe, heut Abend wieder im Gschwendli zu schlafen. Hier schüttelte aber, nachdem er einen Augenblick nachgedacht hatte, der Alte den Kopf. Du irrst dich, Bub, äußerte er, du wirst sehen, „si gchaltid=di (behalten, versorgen dich), si thuond=di über uni" (hinauf). Mir graust es ob den Rathhäusern. Ich hatte einmal mit dem in St. Gallen ein halb Jahr lang zu thun, ich vergesse es mein Lebenlang nie. Es hat mich dort „a Börschli" (ein Bürschchen) in einem Geschäfte einen „frechen Lügner" gescholten, und ich war so unschuldig als das Kind im „Taufschäppli"; dennoch mußte ich unzähligemal jene steinerne Treppe hinauf, um mit dem Gerichtschreiber zu reden und einmal, wegen plötzlichem Erkranken meines Advokaten, als er eben vortragen sollte, um Vorschub zu verlangen, bis die Sache durch wohlmeinende Freunde verglichen wurde. Aber wie? daß ich ein Lügner gescholten war, kostete mich baare 30 Gulden, und dennoch gieng ich den Verglich ein, nur um nicht die Steintreppe wieder hinauf zu müssen, und aus purer Angst vor einem Prozesse. Erst jezt konnt' ich wieder schlafen; ich war ganz mager worden die Zeit über, und seither fürchte ich die Herren und die Steintreppen derselben wie ein „Chälbli" die Mezg' und den Mezger. Bub, wenn sie dich fragen, „gang mit der Worchet" (Wahrheit) um; aber nimm dich in Acht, denn Gnazis haben schärfere Schnäbel als du. Ich fürchte, tu bist ihnen viel zu dumm, und ich wollte auch sonst lieber ein hübsches Mädli sein vor den Herren „as en wüesta Buob". Aber, wenn du „suber bist öber Riera, förcht der nöd onb blib stif bi der Worchet! Du chonst (kömmst) am witesta mit꞊er". —

Mit dieser einfachen Mahnung schüttelte der Götti dem Maurer herzlich die Hand, denn der Weibel stuhnd auf der Treppe, ihn rufend, sah ihn hinauf verschwinden, und begab sich auf den Heimweg, Bisch aber in die Weibelstube, um dort zu warten, bis er „vor" müße. Sonderbar ist, daß der Alte, welcher daheim ein neues Ausstreuen von Seiten der Kochischen gehört hatte, Bisch sei am Herrgottstage mit der Magdalena vom Kirchhofe weg, den Gedanken aufsteigen fühlte: es wäre bei des Buben lenksamem Wesen dennoch wenigstens nicht unmöglich, daß ihn die schlaue Hüttenbergerinn, mit ihrem Einflusse auf ihn, bei jener Zusammenkunft der Beiden, von welcher man so viel wußte, zum Mitwisser, wo nicht gar zum Mitwirken bei der unbesonnenen Beraubung einer Todten verleitet haben könnte, in der Hoffnung, durch einen reichen Fang zu ihrem Ziele, baldiger Hochzeit, zu gelangen. Das um so mehr, als der Geschäftmann im Leben etwas mißtrauisch worden war, und der Matzenauer zuweilen, ohne es zu wollen noch zu ahnen, einen Zug von Schlauheit in seinem Gesichte zu haben schien; und sein heutiges Benehmen bei der an ihn gethanen Frage, was ihm erst jezt noch mehr auffiel, wollte ihm nicht ganz gefallen.

Während dessen stuhnd Riedsennengnazis Anna Marei oder Nann im Wochenrathssaale hinter den Schranken. Vor ihr waren die Stühle der Wochenräthe, deren Sizungssaal es war, vorne die Stühle der verhörenden Herren, ob ihnen die bekannte farbige Darstellung der früher in der Kirche aufgehängten in den früheren Landesschlachten eroberten Banner und rechts und links die Kupferstiche von Goldau und dem Lowerzersee. Die Verhörkommission war vollständig, die Herren: Statthalter Heim, der Landsäkelmeister und der Landsbauherr, neben ihnen der aktuirende Landschreiber Signer.

Nachdem lezterer, wie üblich, den 14. Juni 1849 (Donnerstag) notirt, die Inquisitinn um Namen, Geschlecht und Alter gefragt und ihren mitgebrachten Taufschein vorgelegt („**Anna Maria Serafina Koch**, des Ignaz und der Barbara Antonia Engler eheliche Tochter, geboren am 23. Augst 1831, Morgens 5 Uhr und denselben Tag durch Pfarrer Herrsche getauft"), berichtete, aufgefordert, der anwesende Zeugherr Fäßler, Gold- und Silberwaarenhändler, welche Silberwaaren er Sonntags den 10. d. M. von der Vorstehenden gekauft. Dann begann das **erste Verhör**.

Anna Maria, habet ihr gehört, daß lezter Tage Jemand in Gonten unglücklich worden ist?

Nein.

Ei, das kann ja gar nicht sein. Kanntet ihr die fragliche Person?

Ja. Krummen Bisches.

Seid ihr am lezten Freitag (8. Juni) ins Dorf hinunter?

Nein.

Wozu so was läugnen?

Ja, ich war unten.

Saget was dort begegnet ist.

Nicht am Freitag, aber am Sonntag (10. Juni) begegnete mir ein Gontener Bub, Joh. Baptist Matzenauer, Gerers Bischen Buob und gab mir eine Halskette, Eicheln und Brüchliketten, mit der Weisung, ich solle das an 3 Orten verkaufen, er habe es gefunden. Die Korallen habe ich Kostlis Kathrina verkauft, 64 um einen halben Thaler (1 fl. 21 kr.). Die Brüchlikette um 4 Gulden, das andre dem Zeugherrn. Bisch hieß mich daheim sagen, ich habe das Geld gefunden. Das Silberzeug habe er gefunden in Mällisbuben Acker; ich solle „Hochzithäs" (Gewand) draus kaufen, und im Herbst wollen wir heiraten. Wenn ich sage, er habe es mir gegeben, bringe er mich halb um.

Wann ist des Bärenwirts Knecht mit euch heim?

Am Montag Nachts. Zusen Pfifers Knecht sagte, es sei ein schwarzer Mann im Wald, und da hat es mir gefürchtet.

Jezt wurde der fragliche Knecht, Jos. Anton Wetter (Wettersch Seppentoni) hereingerufen, und erzählte befragt: Montags (11. Juni) kam das Mädli von Riedsennen Gnazis Bub noch um $1/_2 9$ Abends in den Bären. Sie hatte „e chli (ein Bißchen) z'trägia" (zu tragen): Kaffee, einen Krug Branz und ein „Tach". Das Tach trug ich ihr. Wie wir „an Hüttenberg uni" (hinauf) kamen, sagte sie, ich kann nicht mehr genau sagen ob „es rausche", oder „es liegt näbes" da. Ich that sie heim und sie bat noch, ich solle daheim sagen, sie habe sich nicht gefürchtet.

Frage an die Roch: Was hat der Matzenauer gesagt, wo er die Silberwaar funden?

Er sage es mir jezt noch nicht, sondern erst wenn ich sein Weib sei.

Wie ihr Montags heim seid, was sagtet ihr bei der Tüchelroos?

Es hat „geruschet"; ich sah hinüber und sagte; ist dort nicht was Weißes? Seppentoni aber: das ist nur Wasser.

Was sagte der Matzenauer, als er euch die Waar gab?

Er sagte, ich solle ein „gelismetes (gestricktes) Geltsäckeli" laufen und der Mutter vorgeben, ich habe es gefunden. Die Emilie in des Pepers Bischenbüblis hat es gesehen ins Paradislers Wäldli. Dort warf ich das Gelt unvermerkt auf den Boden, und hob es auf.

Was sagtet ihr der Mutter daheim?

Ich habe es in Paradislers Walde funden. „Wenn-i gab Züga (Zeugen) hett'."

Was wisset ihr weiter?

An Unserherrgottstag Mittags sind wir (Gerers Bisch und ich) mit einander heim, „grad fort mit enand uni".

Habet ihr nichts gehört jenen Abend?

Nein. Ich bin mit vier Leuten heim. Gesehn hab' ich nichts.

Verhör, denselben 14. Juni, mit Joh. Bapt. Matzenauer, Maurer, 22jährig.

Saget die Wahrheit, Matzenauer! Ist euch am Freitag Riedsennen Gnazis Mädli begegnet? und wo?

In Mällis Seppen Acker ist sie mir begegnet.

Hattet ihr etwas bei euch?

Eine Pflasterkelle und ein Säckli. „Söß (sonst) nüts."

Keine Brüchliketten und ein Halsschloß?

„Hett boocht" (ei ich hätte gedacht!) Durchaus nichts.

Habet ihr derselben nichts gegeben?

Nein.

Kennet ihr dies „Schlößli" und diese „Eicheln"?

Ich kenne sie nicht, und habe sie wissentlich nie gesehen.

Hattet ihr keine Liebschaft mit der Roch? Habet ihr nicht heiraten wollen?

Nein, wir hätten's nit wohl vermögen.

Damit ihr nicht lange da bleiben müßet, saget die Wahrheit! Kennet ihr das Schlößli?

Es ist ein Halsnösterschlößli; aber gehabt habe ich das nie; dafür gebe ich Leib und Leben.

Aber wenn man euch das Plätzchen zeigt, wo ihr es ihr gegeben?

Ich habe ihr nichts gegeben, und so kann es auch niemand gesehen haben. —

So endete das erste Verhör. Matzenauer äußerte zum Weibel, er erwarte nicht anders, als, nachdem er gesagt was er wußte, denselben Abend nach seinem Gonten heim zu können. Aber die 3 Herren in der Wochenrathsstube, eingenommen von der gewinnenden Miene des 18jährigen Mädchens, seiner stolzen Stellung und seinem sichern und unbefangenen Reden, glaubten, dem ersten Eindrucke nach, nichts anders als, die Magdalena Fäßler werde, ob absichtlich oder aus Ungefäll, in die Roos gefallen sein, und wer der Todten die Schmuckwaare entrissen, sei doch eher der arme, heirathgierige junge Maurer gewesen, der sich ohnehin linkisch hinstelle, als ein junges, allem Anscheine nach furchtsames Weibsbild, das so offen auftrete. Matzenauers Staunen war grenzenlos, als er, nachdem er einige Minuten gewartet, und durch die halb offene Weibelstubenthüre bemerkt hatte, Nann sei dort drinnen, auf Beschluß des Triumvirats zwei Treppen höher in eines der Gefängnisse gebracht wurde, vor dessen Thüre der Weibel, als er sich beschwerte, erwiderte: „Tröst=di, Buob, du hesch no zehnmol besser as" — Jo as wer? fiel Bisch ein — as die wo's no schlechter hend". —

Dagegen war freilich nicht viel einzuwenden, und gegen das Schicksal, wie gewöhnlich, nichts zu machen. Der Matzenauer legte sich, müder als wenn er sich je halbtodt gearbeitet hatte, auf sein Bett, d. h. das nakte Stroh, auf welchem er, wie die Thüre zu war und der Landweibel ihm gute Nacht gewünscht hatte, Zeit genug fand, nachzudenken. Er erinnerte sich an des Göttis Prophezeiung: „si thuond=bi uni", an seine Mutter, an die Angabe, die Marei gemacht haben müße, und fühlte sich bereits in den ersten Momenten so gott= und menschenverlassen, daß er die Thränen nicht zurückzuhalten im Stande war, auch die Suppe, welche ihm des Weibels Mädli später ins Fensterli stellte, unangerührt ließ, und erst gegen Mitternacht, unter Beten, einschlummerte, wo er fieberisch träumte und immer nach dem fraglichen Silberzeuge suchte, das er doch nirgends finden konnte.

Nann aß mit des Weibels Suppe und gebrätelte Kartoffeln, jedoch wenig; sie hatte keinen Appetit und wollte auch nicht viel reden, als man sie zu unterhalten und — auszuholen Versuche machte. Der Landweibel wies ihr in der Stube ein Bett an, wünschte ihr wohl zu schlafen, schloß dann ab und gieng mit seinem Weibe in ihr Gemach. Das Mädchen zog sich nicht aus, legte sich, wie sie war, aufs Bett, und träumte, als es endlich einschlief, ebenfalls fieberisch, hatte aber kein Betensnwort hervorgebracht, ja nicht einmal an so was gesonnen.

---

7. Die drei folgenden Verhöre. Die Mordthat.

Am Morgen des 15. Juni wollte Nann nicht frühstücken, obwohl ihr Kaffee angeboten wurde. Sie schüzte Unwohlsein vor, brütete den ganzen Tag still, und klagte, so oft Weibels fragten, immer über Heimweh. Das Verhören wurde ihrethalben heute ausgesezt. Mazenauer fühlte dasselbe Heimweh, litt von Hize und Unbeschäftigtsein, aß aber das Hafermus, welches man ihm 3 mal des Tags hinstellte.

Samstags, den 16. Juni rief man das Mädchen zum zweiten Verhöre. Sie klagte, auf die Frage nach ihrem Befinden, über Leib- und Kopfweh, wiederholte dann aber, Gerers Bischen Bub habe ihr in Mällis Acker die Silbersachen gegeben, diese an drei Orten, damit man es nicht merke, zu verkaufen. Dabei blieb sie, wie auch bei der Behauptung, Krummen Bischen Mädli am Herrgottstage nie erblikt zu haben. Ebenso fest erklärte Mazenauer: ja er sei ihr am genannten Orte begegnet, habe ihr jedoch nichts gegeben, „durchaus nichts. Ich kann nicht anders reden, begegne mir was da wolle."

Jezt wurden die Beiden das erstemal konfrontirt (oder, wie das Protokoll schreibt, konfrondirt). Nann beharrte troken bei ihrer Angabe. Er habe sie geheißen, das erlöste Gelt am Wege „verwerfen" und dann, als habe sie es gefunden, auflesen. „Ich stehe durchaus nicht ab." Hier brannte der Bub auf und rief: „Also sollte ich sie etwa tödt haben? und wann?"

Bei diesen Worten schaute der inquirirende Statthalter Heim den Landschreiber überrascht an. An eine Mordthat hatte bisher niemand gedacht, nur etwa an Beraubung der Ertrunkenen. Das schien der Untersuchung eine ganz andere Richtung vorzuzeichnen. Das Mädchen aber blieb unbeweglich. Ich gebe durchaus nicht „lugg" (locker, nach), ich lasse es darauf ankommen; bei meinem Gewissen, ich ließe mich eher zerschneiden.

Ebenso unerschütterlich erklärte der Beklagte alle seine Aussagen als wahr.

Der Untersuchsrichter redete im dritten Verhöre, Mittwochs den 20. Juni, Matzenauern ernst zu, welcher darauf entgegnete: Ich will nichts sagen als Wahrheit. Gäbe Gott wir Beide stühnden in einem Ringe „tüf in Boden abi", und dann sollte der Teufel mit dem gerade abfahren, welches die That begangen. Ich würde mich fürchten, „wenn-i so 'näbes thät", der liebe Gott würde mich an der Stelle strafen.

Seid ihr nicht in Bisches Haus beten gegangen?

Ja wohl, am Mittag, und die Mutter auch.

Sagtet ihr nicht zur Nann, sie solle ein „Bruthäs" (Brautgewand) laufen aus dem Gelt?

Nie sagte ich so was. Vielleicht haben ihre Eltern oder ein Fremder ihr etwas solches angegeben.

Wann seid ihr am Fronleichnamsfeste Nachmittags nach Sonten herunter?

Ich kam um Rosenkranzläuten und bin früh wieder heim, Berglers Peter mit mir. Wir kehrten an zwei Orten an, in Bümmelis Bischen und in Bümmelis Hannes Tonis. Als es am Abend dunkelte, war ich daheim oben.

Der Untersuchende war nicht wenig verlegen. Sicher war durch die eigene Aussage der Koch ihr Verflochtensein mit der Sache, ob nun bloßer Raub oder Mord stattgefunden, unsicher dagegen, und blos auf ihrer Angabe beruhend, eine Mitschuld Matzenauers. Er überlas die drei Verhöre aufmerksam, rief erst Donnerstags, den 28. Juni, die Koch ins vierte und mahnte sie ernst zur Wahrheit. Sie blieb fest und wiederholte, sie und ihre Gespielinn Emilie seien mit einander im Paradiserwäldli angelangt, wo sie, nach Abrede, das Gelt gefunden, und Emilien auf deren Verlangen als Mitfinderlohn 6 Batzen davon gegeben habe, und ein paar Tage später 2 Gulden. Auch bei dem Brautkleide verharrte sie und daß Bisch im Herbst habe Hochzeit halten wollen.

Wann hörtet ihr, das Mädli sei umgekommen?

Am Dinstag (12. Juni) Nachts.

Ihr wußtet das schon früher. Warum schautet ihr Montags (den 11.) so gegen die Roos hin?

Ich weiß nicht warum.

Und warum hat man euch heim begleiten müssen?

Weil ein Gontenerbub gesagt, es sei ein schwarzer Mann „im Wald omma" (oben).

Wann seid ihr heim am Herrgottentage?

Mittags 1 Uhr. Um 2 gieng ich „in b' Fürschau abi" und blieb dort bis Abends um 7.

Ihr brachtet am selben Tag einen gar schmutzigen Rock in die Kirche?

Ja, das ist wahr, ich bin zu der „Ferggeren Franzen Hanne, und es war ruchs Wetter".

Hier wurden ihr, wenn sie beim Läugnen verharre, Stockstreiche angedroht. Das schien sie erst nicht zu bewegen, und sie wiederholte, die Fäßlerinn jenen ganzen Tag nicht gesehen zu haben. Doch besann sie sich und äußerte nach einer Weile: Wenn ich heim darf, will ich es sagen. Ich hab es „lez" (unrichtig) angegeben. Aber getödtet hab ich sie nicht.

Was meinst du damit, du habest es „lez" angegeben?

Daß ich es von Anfang an „lez" sagte.

Wie so? Sprechet! Habet ihr die Waare selbst abgezogen?

Getödtet hab ich sie nicht. Ich bin Freitags (am 8. Juni) hinauf, und sah das Mädli todt liegen. Das Silberzeug lag auf dem Boden; den Kopf hatte sie im Graben. Am Sonntag (den 10. Juni) drauf gab mir der Matzenauer die Anleitung, wie ich es mit der Waare machen solle.

Wußte er, wo ihr die Waare wegnahmet?

Nein, er hat nichts gewußt.

Bekennet, wer hat sie getödtet?

Das weiß ich nicht.

Warum durftet ihr so unverschämt sein und sagen, er habe euch das Silber gegeben?

Er wollte es so.

Und er drohte, euch halb umzubringen, wenn ihr etwas verrathet?

Ja, das that er. —

Jezt wurde Matzenauer herunter geführt. Er wisse und solle angeben, wer den Mord begangen.

Das weiß ich gewiß nicht.

Hat die Nann nichts zu euch gesagt?

Gewiß nicht. Ich lüge nicht.

Die wieder herein geführte Koch verharrte, erbot sich aber endlich: Einem allein will ich es sagen. Sie verlangte den Statthalter Heim, der jedoch, als er mit ihr zur Seite gieng, nichts Genügendes inne wurde. „Ob er sie tödt hat, weiß ich nicht."

Zum leztenmal mahnte man sie, wahr zu reden.

Sie wisse nicht, ob er's gethan.

Endlich: Wenn-i tar hä (wenn ich heim darf)

Du darfst heim, wenn du die Wahrheit sagst. Rede, wenn er sie getödtet hat.

Ich weiß nichts. —

Mehr war nichts herauszubringen. Die Geschichte hatte indeß in Gonten nicht geringe Aufregung verursacht. Es verlautete dort, die Herren glauben alles was die Nann gegen den Buben vorbringe, obschon sie weder Beweis noch Zeugen habe; sie lebe wohlauf in der Weibelstube und erhalte zuweilen Essen aus dem Wirthshause, während er Mangel leide und in einem Loche schmachte. Die Alten erinnerten an Landammann Suters, auch eines Gonteners, Handel, die Jungen empörte was sie vernahmen. Mehrere erboten sich zu zeugen, wo Matzenauer am Herrgottstage vom Morgen bis Abend gewesen, als die Fäßlerinn verschwunden war. Sie kamen zum Pfarrer Suter und zeigten das an. Der Pfarrer hatte bereits an die Herren geschrieben, die zuerst nicht viel daraus machen zu wollen geschienen, endlich aber doch auf denselben 28. Juni einige der Zeugen zitirt hatten. Das Protokoll ist roh, unklar, notizenhaft und mit offenbaren Lücken. Das zwölfjährige Bümmelismädli bezeugte, vor der Vesper Beide, Nann und Magdalena, die Brücke (über die Schwarz, der Roos zu) hinauf wandern gesehen zu haben. Stockmartis Mädli habe das ebenfalls gesehen.

Bekanntlich hatte man von da an alle Spur von der Fäßlerinn verloren. Sie mußte gleich während oder nach der Vesper, die um $1/_2 3$ Uhr begann, verschwunden sein. Die Koch läugnete, sie diesen Tag gesehen zu haben und behauptete statt dessen, sie habe sie am Tage drauf (den 8. Juni) todt und die Silberwaaren am Boden getroffen. Ich finde nicht, ob man Stockmartis Mädli vorgerufen. Ein Zeuge Holderegger gab an: etwa um halb 3 Uhr sei der Bub bei ihnen ein und aus; Baptist Schneider: Ich sah zwischen 3 und 4 Uhr von der Sonnseite zwei Weibsbilder, vom Gatter kommend, des Weges gehen. Mannsbild war keines dabei.

Jetzt nahm man die Beklagte wieder vor, und sagte ihr, sie habe die Magdalena gewiß „uni zöcht" (hinauf gelockt).

Nein, „er hät=sie uni zöcht". Sie läugnete, mit ihr gegangen zu sein, und erklärte jetzt entschieden, Matzenauer habe sie getödtet und ihr das selber gesagt.

Ist euch das Mädli lieb gewesen?

Ja.

Wir zweifeln dran. Sie ist auch zu ihm gegangen*).

„I wäß nüts; i wett gern, si hett' ihn." —

Nun ließ man Matzenauern kommen und warf ihm geradezu den Mord vor.

Er betheuerte, wie früher, seine Schuldlosigkeit.

Seid ihr nicht Vormittags mit der Anna Marei heim?

Ja das bin ich.

Und habet ihr dort euer Vorhaben eröffnet?

Nie sagte ich von so was, und konnte ja auch nicht, weil ich so was mein Lebtag nie dachte. Wir schwatzten eben wie man so schwatzt. Ich möchte sie nicht „ungfällig" (unglücklich) machen. Sie darf halt nicht anders reden; sie muß einen Fremden gehabt haben. —

Hier geschah die zweite Konfrontation.

Weißt du, Bisch, was du am Herrgottstag zu mir gesagt hast? Du wollest Eine durch Hüslers (Josef Zürcher, über dem Stege, Besitzer der Roos) „uni zöchen und tödten?

Mein Lebtag nie. —

Hier stampfte die Leidenschaftliche auf den Boden. Du darfst die Wahrheit nicht sagen, du Gerersgrind, du Schlampi (unsauber und ärmlich Gekleideter) du!

Marei, du bist „ful verirret". Mit der Wahrheit kannst du nicht sagen, du habest weiter keinen Antheil genommen, außer Silberwaare zu verkaufen. Ich aber habe gewiß und wahrhaftig nichts dabei gethan. Du sagst so was aus Noth.

---

*) In Innerroden sagt man sonderbar, nicht: der und der geht zu Einer, sondern: sie geht zu ihm.

Hätt' ich dich nur gleich von Anfang angegeben und nicht die Herren angelogen, du Mörder.

Ich weiß von Allem nichts und kann deshalb nichts gestehen. —

Hier wurde erst die Nann, dann Matzenauer abgeführt. Zu lezterm sagte der Statthalter: Bub, du bist heut fast „taub" (zornig) worden; aber wart nur, man wird dich schon wieder „frei" (freundlich) machen. Der Beamtete wurde von Verhör zu Verhör immer mehr irre an den Beiden. Das erfuhr der Götti, als er an Peter- und Paulstag (29. Juni) den Buben auf dem Rathhause besuchen wollte. Man ließ niemanden zu ihm. Da gieng er zum Statthalter, welcher vor dem hablichen Manne Respekt hatte, und sagte diesem in seiner sarkastischen Weise: Statthalter, warum plaget ihr das unschuldige Mädchen so lange? „Ihr send doch schulig hert, ihr Herren. Ich ließ·si hä" (heim). — So, lachte der dicke Herr, du interessirst dich auch für sie? — Warum nicht? für Verfolgte muß man Mitleid fühlen. — Hier schaute ihn der Statthalter an, ob er nicht einen Schelm in des Mannes Gesicht entdecke, und antwortete, als er nichts gewahr wurde: Die Marei ist jedenfalls Mitwisserinn und Mithelferinn, da sie die Waare kanntlich besessen und verkauft hat. — So? das leuchtet mir auch ein. Aber Mithelferinn von wem? Seid ihr darüber eben so sicher? Was haftet am Buben? — Heim stuzte, und erwiderte endlich: Ich glaube manches. — Meinet ihr? — Ihre Mithelferschaft (falls sie einen Helfer brauchte) ist erwiesen, weil sie sie selber gesteht, obschon sie lügen kann wie gestickt. Aber was hat Er gestanden? — Bisher nichts, sauber nichts, aber geläugnet hat er beharrlich, und Läugnen ist auch Lügen. — Ja ja wenn mans gethan hat, wohl, sonst nicht. Ich läugne auch, und ihr, denk' ich, ebenfalls, wenn man euch etwessen beschuldiget, wovon ihr nichts wisset. Die Koch aber hat euch wirklich und schwer angelogen, und darauf schauet ihr, scheint es mir, zu wenig. Sie sagt, sie sei am Tage nach des armen Mäblis Verschwinden, Freitags, nicht in Gonten unten gewesen. Warum sagt sie das? Ich habe sie doch selber gesehen. Sie behauptete anfangs, der Bub habe ihr das Silberzeug gegeben, nahm es nachher zurück, und fiel erst später darauf, ihn sogar des Mordes anzuklagen. — Weil sie ihn, als ihren Liebhaber, anfangs schonen wollte. — Ob er ihr Liebhaber war, weiß ich nicht, weil sie gewöhnlich mehr als einen hatte. Aber sie hat gestanden, nachdem sie an der Roos schon früher Angst bewiesen, sie habe sie dort todt gesehen. Wisset ihr das von dem Buben auch? — Nein, wissen nicht. — Eben drum, aber von ihr wohl. Jemand hat dem Mädli was es Geltwerthes an sich hatte, abgerissen, gestohlen, und die Koch hat es verkauft und mit dem Erlöse die Kreuzwirtinn bezahlt. Hat sie nun, wie verlautet, sich erboten, wenn sie heim dürfe, Alles zu sagen, so scheints doch, daß sie noch mehr von der Sache weiß, daß sie loskommen möchte und daß sie fürchtet, es warte ihrer nichts Gutes. — Da bist du im Irrthume. Hätte sie sie ermordet, so würde sie gerade nicht versprechen, Alles zu sagen. Wenn sie erwartet heim zu kommen, so will sie blos über den Thäter Auskunft geben, den sie bisher geschont, weil sie heiraten wollten. Ein Mannsbild ists sicher gewesen, denn ein Mädli hätte die Kraft nicht gehabt, ein anderes bei so wenig Wasser zu ertränken. Und den Mut auch nicht. — Das ist noch erst die Frage, wenn Eine recht entschlossen ist. Die Nann will am Herrgottstage heim sein, als die Vesper aus war; sie war aber, wie bezeugt ist, gar nicht in der Vesper, sondern wurde gesehen während sie mit dem Mädli selig über die Brücke in Zürchers Weid gieng, und der Götti eben so erwiesen in der Kirche war und nach Beendigung der Vesper mit Anderen heim gieng, die er gar nie verließ. — Das mag Alles wahr sein, aber das ist sicherer, daß er Vormittags mit der Koch auf den Heimweg ist und dort soll er ihr die Absicht der Mordthat eröffnet haben. — Gesteht der Bub das? — Das nicht; aber daß er mit ihr ist, wohl. — Das macht aber nicht viel, denn Alle, die auf den Hüttenberg oder ins Gschwend wollen, machen anfangs denselben Weg. Bisher hat der Bub nie gelogen. — Das ist dir nicht Ernst, Freund. Man hat mir die Geschichte von dem Apfel vor dem Schulhause erzählt, und du weißt sie wohl auch. Dort konnte der Matzenauer, und gerade diesem Mädli zulieb, recht verstockt läugnen. Wer weiß ob nicht Beide einander die Hand geboten, und er wieder ihr zulieb und um heiraten zu können, eine Unthat verübt? Mir kömmt es fast nicht menschenmöglich vor, eine Geschichte mit solchen Nebenumständen zu ersinnen, wie die Koch sie erzählt. Wir müssen blos noch darauf kommen, was und wie viel dabei sie und er gethan habe. So viel kann ich dir sagen, daß so ehrlich dein Götti thut und so einfältig er sich stellen mag, ihm ein Grad Appenzellerschlauheit nicht abgeht. —

Der Götti schüttelte den Kopf, war aber in sich unklar worden und gieng unruhig heim. Er hatte fast im Sinne gehabt, sich für bessere Nahrung für den Buben zu verbürgen, unterließ es aber jetzt, nicht nur weil dem Alten das Gelt über die Maßen lieb, sondern weil er wirklich selbst in der Sache zweifelhaft worden war, wie der Beamtete auch.

---

8. Der Knäul verwirrt sich immer mehr.

Im Justizwesen der kleinen demokratischen Kantone ist der Landweibel, wo er die Aufsicht über die Kriminalisirten führt, eine keineswegs unbedeutende Person, und was er im Privatgespräch herauszuholen versteht, oder sonst inne zu werden im Stande ist, wendet nicht selten die Untersuchung und führt sie zum Entscheide oder auch auf Abwege. Nann, welche wiederholt von ihrer Mutter Besuche erhielt und auf diese jedesmal entweder fester oder mit etwas Neuem auftrat, während Matzenauers Mutter vom Götti vernommen, es werde niemand zum Buben gelassen, und auch sonst, theils im Vertrauen auf des leztern Unschuld und fest überzeugt, ihn jeden Abend daheim erwarten zu dürfen, sich um alles in der Welt nicht hätte entschließen können, vor die Herren zu treten. So hatte nach dem lezten Verhöre der Weibel allerlei von Nann vernommen und nicht ermangelt, es dem Statthalter warm zu hinterbringen, welcher am Tage drauf, nach neuer Ermahnung an die Beklagte, einmal die reine Wahrheit zu gestehen, damit begann, sie solle wiederholen, was und wie sie es dem Weibel erzählt, ob Matzenauer die That begangen und wann? Sie gab an: geschehen sei es am Unserherrgottstage um 3 Uhr, nachdem er ihr Vormittags eröffnet, er wolle sehen, daß er Einer durch des Bümmelis hinauf das Silberzeug nehmen könne, und zwar unter der Vesper, wo so was am unvermerktesten geschehen könne. Sie solle, sobald die Vesper aus sei, nachkommen. „Geschehen ist es oben im Wäldli drinn, worauf er die Todte in die Roos herabschleppte, wo er neben ihr stuhnd, als ich anlangte. Er hatte nichts mehr zu thun, und luogte sie blos an." Dann wiederholte sie ihre Angabe vom Silberzeug und von der Anweisung, welche er ihr zum Verkaufe gegeben, wie seine Bedrohung.

Wie sah die Todte aus?

Ganz roth im Gesichte, und lag auf dem Rücken im Wasser.

Wisset ihr, wie er sie getödtet?

Dem Kopfe an würde man meinen, er habe sie erschlagen.

Etwas später erklärte sie wirklich, er habe ihr erzählt, sie mit den Fäusten erschlagen zu haben. Dann habe er sie von der Roos wieder in den Wald hinauf getragen, indem er sagte, es sei sicherer, sie anderswohin zu legen.

Warum begieng er die That?

„Wegem Heiraten." Er sagte mir, wir wollen recht sparen und im Herbst Hochzeit halten.

Seid ihr nicht „errothet" (erröthet), als ihr oben die Nachricht vernahmet, die Getödtete sei gefunden worden?

Nein.

Seid ihr nicht vom Tische weg? und wie ihr in die Stube zurükkamet, was sagte euere Mutter?

Warum ich so erbleichet sei. —

Jezt wurde Matzenauer vorgeführt.

Ihr seid der That überwiesen, Matzenauer.

Das bin ich gewiß nicht, ihr Herren. Ich that es wahrhaftig nicht, was ich auch ausstehen muß.

Wo waret ihr am Herrgottstag um 3 Uhr?

Ich bin, wie ich bereits sagte, „in b' Fürschau abi". —

Hier holte man die Koch zur dritten Konfrontation.

Ihr habet aufs Bestimmteste angegeben, Anna Maria, der Matzenauer habe sie erschlagen.

Das habe ich.

Er: Es ist aber bei Seel und Seligkeit nicht wahr.

Stuhndest du nicht neben der Roos bei mir?

Gewiß nicht. Ich that es sicher nicht. Ich würde es dir nicht zuleid thun und läugnen, Anna Marei.

(Sie wüthet) „du bseßna Kog, darfst mirs dörthua (durch=thun)?" —

Hier wurden dem Beklagten „sechs Stockstreiche aufge= messen" und er dann wieder befragt.

Ich kann in Gottes Namen „nüts bikenna".

Hierauf abermal 6 und dann 24 Streiche.

Er schwur bei allen Heiligen, er sei schuldlos, und wurde abgeführt.

Die Nann blieb, als man ihr vorwarf: „ihr habet uns angelogen", unerschüttert bei ihrer Angabe, die sie umständlich wiederholte.

Hierauf verlangte sie abermals den Statthalter allein zu sprechen, und zeigte diesem an, **sie befinde sich seit 6 Wochen vom Matzenauer in der Hoffnung**, was sie im folgenden Verhöre am 2. Juli bestätigte.

Da sie dabei blieb, der Mord sei Nachmittags 3 Uhr vor sich gegangen, verhörte man Nanns Schwester Magdalena Koch.

Um welche Zeit sahet ihr eure Schwester über den Kirchhof gehen?

Gerade wo die Vesper angegangen war. Die Schützen waren eben am Pfarrhofe. Ob sie in die Kirche gegangen, weiß ich nicht.

Wenn euere Schwester es aber anderst erzählt?

Dann sagt sie es eben nicht recht. —

Hierauf fragte man die Zeuginn Maria Anna Holderegger. Ihr gebet an, ihr seiet mit Krummenbuoba Mädli (die Ertrunkene) bis zur Kirche hinab?

Ja, ich und mein Bruder, und sie war eine Weile bei mir. Die Schützen sind gerade ins Kreuz gekommen. Döntschen Sefelis Mädli hat sie auch gesehen.

Peter Holderegger bezeugte, sein Bruder habe den Bisch in der Vesper gesehen, und er selbst ihn, als die Vesper aus war, auf dem Mannenplatze vor der Kirche getroffen. —

Der Ertrunkenen Vater, Baptist Fäßler oder Krummenbisch wurde am 3. Juli einvernommen, und gab an, sein Mädli habe den Buben nicht so übel mögen und etlichemal auf ihn gewartet, was er selbst aber nicht so gerne gesehen. Beim Beten im Hause sei Bisch mit seiner Mutter, und auch die Nann erschienen; er habe jedoch mit Jenem nicht geredet, wohl aber mit der Mutter und dieser gesagt, ihm komme sonderbar vor, daß Annamarei das Mädli so über die Maßen fürchte.

Als man der Leztern anzeigte, es könne, nach den vernommenen Zeugenaussagen, nicht sein, daß sie um halb 3 Uhr fort sei und die Magdalena um 3 Uhr bei der Roose tobt angetroffen habe, erwiderte sie blos: „das Zit (die Uhr) müeßt eben nit recht gangen sin", und wiederholte, wie häufig: getödtet hab' ich sie nicht.

Matzenauer, so oft er auch befragt, zum Geständnisse ermahnt und ihm das Glauben versagt wurde, betheuerte, von Allem nichts zu wissen. „Ich hätte mich nicht so lange plagen lassen, wenn es wahr wäre, was sie wider mich vorbringt," sagte er jenen 3. Juli. Was er dadurch erwarb, waren abermal 24 Stockstreiche, wobei die Anklägerinn anwesend war, welche, als er bei seiner Aussage blieb: ich habe in Gottes Namen nichts zu bekennen, ihm zurief: du thust mirs zuleid, „i wett', i hett dich mi Lebtig nie gseha". —

Der Untersuchende beschloß, das Bisherige solle der gesammten Verhörkommission vorgelegt und bei dieser Einfrage gemacht werden. Er versuchte jezt, Matzenauern durch freundlicheres Benehmen weicher zu machen, und der Weibel gieng wiederholt daran, des Maurers Vertrauen zu gewinnen, und ihn bei einer bessern Suppe, etlichemal sogar durch ein Glas voll Most bei der großen Hitze gesprächig zu machen. Das half indeß blutwenig, und Matzenauer sagte ihm diesen Abend rund heraus: Landweibel, der Statthalter macht mirs wie der Barbierer: erst schneidet er mich „ins Mul" und legt mir dann ein Stück „Zundel" drauf, der mich noch mehr brennt als der Schnitt. Du aber, das merk' ich wohl, hast Auftrag mich zu behandeln wie Einen, wenn man ihm die Ohren für Ringe durchstechen will und ihm das Ohrenläppli freundlich „nublet", damit er nachher den Stich nicht spüre; oder wie die Weiber die Flöhe, ehe sie sie tödten. Aber oha Batistli, ihr bekommet mich eben so wenig mit dem „Nubken" als mit dem Nachtwächter, (der die Stockstreiche aufgemessen). Nun wurde auch der Weibel, Baptist Peterer, irre, und sagte folgenden Morgen früh zum Statthalter, als dieser auf das Rathhaus kam: entweder ist Gerers Bischen Buob so unschuldig als ich und ihr, oder dann, und das dürfte wohl eher sein, der verschlagenste Bursche in allen sieben Roden, und will das Mädli und uns durch beharrliches Lügen so lange hinzögern, bis wir müde werden und Beide heimlassen ins Gschwendli und auf den Hüttenberg. —

Denselben Morgen, es war Freitag der 6. Juli, befragte man die Koch:

Habet ihr von Beck Heims Frau eine Halskette gekauft, die ihr auf Unserherrgottstag bezahlen solltet?

(Sie zögert verbuzt) Nein, die Mutter hat sie gekauft an der Fastnacht.

Habet ihr niemanden gesagt, ihr wollet aus dem Erlöse vom Silberzeuge die Halskette zahlen?

Davon weiß ich nichts.

Sagtet ihr daheim nicht, ihr habet das Geld „funden"?

Ja.

Saget wahrhaft, wer jene Halskette gekauft hat.

(Sie besinnt sich lange) Ich habe sie gekauft. (Vom Bezahlen will sie nichts wissen). —

Sonnabends den 7. Juli (9tes Verhör) redete Heim sie ernst an: Wir haben euch bei euerm Gewissen befragt, und ihr lüget einmal ums andre, wie es euch in den Sinn kömmt. Habet ihr euch besser bedacht?

Ich kann nichts anderes sagen.

Es ist gar nicht wahrscheinlich, daß ihr sie todt gefunden habet.

Es ist doch „denweg" (auf diese Weise).

Er thut euch alles durch.

Es ist dennoch wahr. Ich sag' es gerade wie ichs weiß. —

Es scheint, man habe nun auch sie endlich körperlich gezüchtigt, denn das Verhör beginnt Nachmittags mit den Worten. Ihr habet jetzt ein Beispiel gehabt. Saget nun die Wahrheit.

Ich habe sie nicht getödtet. Hiebei wiederholte sie die Angabe vom „Wäldli" und der Roos und dem Verbergen der Leiche. Aber er hätte gern, ich gäbe einen Andern an.

Wann hat er so was gesagt?

Eben am Sonntag. Wenn es an den Tag komme, solle ich einen Fremden angeben. Ich kann nicht anderst reden als ich es weiß.

Sagte er, er wolle diese hinauflocken?

Nein, das nicht; aber er äußerte, „die sei ihm besonders zwider" (verhaßt).

Nun holte man Matzenauern.

Anna Maria, wann ist er mit der Person hinauf?

Zwischen vier und fünf und Seppen Karlönis und dem Wäldli zu, wo er sie umbrachte.

Er: Das kann ja unmöglich sein. Wie der Rosenkranz aus war, bin ich mit den Berglersbuben fort, und von ihnen nicht mehr weg.

Sie: Warum sagtest du, sie sei dir sonderbar zuwider?

Er: Das sagte ich nie, und ist nicht.

Sie: Auch nicht, ich könne das „Hochzithâs" laufen?

Er: Nie sagte ich so was, wir hätten das Heiraten nie vermögen.

Sie: Und ich solle einen Fremden angeben?

Er: Gewiß nie. Ich wüßte nicht wozu.

Sie: Es war sicher kein Fremder, du Gererstopf du.

Er: Ich glaube grad', es war ein Fremder. Du wirst so einen „Schlunggi" (Lumpigen) gehabt haben.

Sie: Warum sagtest du in Dävis Baptists oben, ich habe dich „verrätschet" (verschwatzt)?

Auch das sagte ich nie. Wer es gethan hat (fuhr er fort als seine Anklägerinn abgeführt war), das kann ich nicht sagen. Ich wollte gerne, Gott der Allwissende thäte ein Einsehen. Erst behauptete sie, ich habe das Mädli um 3 Uhr getödtet, jezt auf einmal wieder zwischen 4 und 5. —

„Es wird beschlossen, Matzenauer solle bei Wasser und Brot in härtere Gefangenschaft gelegt werden."*)

Die Koch wiederholte im 10. Verhöre (10. Juli) ihre Aussage, eben so die ihrer Schwangerschaft, entgegen der ärztlichen Erklärung.

Dann wurde Matzenauer befragt, mit wem er gesprochen, als er nach Appenzell zitirt worden, und was. Ob er sich geäußert, die Marei werde ihn „verrätscht" haben.

Er nannte alle Personen, die er gesehen, und gestund eben so, er habe vermuten müssen, sie habe irgend was gegen ihn vorgebracht, denn man habe ihm gesagt, „du mußt wegen der Annamarei abi".

„Erkenntniß, es sollen ihm 24 Stockstreiche aufgemessen werden", worauf man die Koch hereinführte und ihn vom Stuhle wieder aufband. Sie hatte ihn ächzen gehört unter den Streichen, schaute ihn an, beharrte aber unbeweglich, und warf hin, sie wisse wohl, Berglers würden ihm gerne heraushelfen. Es waren mehrere Zeugen vorgeladen, welche über sein Benehmen deponirten, als er zitirt worden. „Ich sah ihn, zeugte der Eine, wie er die Vorladung erhalten. Er sagte, er müße ins Dorf wegen dem Mädli; es sei „e schuligi Sach". Berglers erklärten, Bisch sei am Herrgottstage nicht mit dem Mädli vom Kirchplatze weg, sondern mit ihnen. „Wir

---

*) Solche Stellen sind wörtlich aus dem Protokolle.

waren immer beieinander." Nach der Zitation habe er sich wohl „gerüst"; er wolle doch machen, daß er den Herren auch gefalle. Ein Anderer: Er war frisch und lustig „und hät noch a Pfiffa voll Bal trunka" (geraucht). „Er müsse „ins Dorf abi wegen der Annamarei. Er ist munter fort". So Mehrere.

Die Koch beharrte fortwährend: zwischen 4 und 5 sei er mit dem Mädli hinauf, und um ½,7 sei sie nachgekommen. —

Jezt abermalige Konfrontirung, wo man Matzenauern vorstellte, wie das Mädchen ihn bestimmt als Thäter angebe und seinethalben so lange geplagt werde.

Das ist meine Schuld nicht, sondern ihre. Es ist und bleibt unwahr, mag es gesagt werden so lange und so oft es will, und ich wünsche nichts sehnlicher als daß es an den Tag komme. Sie lügt in allen Theilen.

Als sie nun beharrlich dieselbe Erzählung vorbrachte, rief er heftig: Ich muß beinahe glauben, sie ist dabei gewesen; ich dürft' es fast behaupten. Ich ließe mich nicht so lange in der traurigen Gefangenschaft halten, und bekennte lieber.

Matzenauer, gebet acht! Machet nicht, daß dieses Meitli wegen euch unschuldig leiden muß.

Ich würde sie sicher nicht plagen lassen, wenn es wahr wäre.

„Jezt wurden der Koch sechs Stockstreiche aufgemessen." Sie beharrte wie früher.

Ihr seid gewiß Beide betheiliget bei der Sache.

Sie: ich gewiß nicht.

„Beschluß: die Koch solle am Tage (aus der Weibelstube) in Gefangenschaft gelegt werden, bei Nacht aber nicht." —

Am 20. Juli folgen im Protokolle 2 Zeugenaussagen für Matzenauer. Der erste Zeuge versichert, dieser sei vor 5 oder 6 Abends bei ihm gewesen und ½ oder ¾ Stunden dort geblieben. Um 6 Uhr, wie Zeuge glaube, sei Matzenauer fort; 7 sei es noch nicht gewesen, darauf dürfte er schwören. Der zweite bezeugt: Bei mir war er noch um 6 oder bald nach 5 Uhr, und blieb ¾ Stunden. —

Auf dieses ließ der Statthalter die Nann vorführen und sagte zu ihr:

Anna Maria, die Geschichte nimmt jezt eine andere Wendung. Bekennet lieber. Ihr sagtet zulezt, er habe die That begangen zwischen 4 und 5.

So sagt' ich (Sie wiederholt seine ihr am Vormittage des Fronleichnamstages gemachte Eröffnung des Mordplanes).

Ferner, ihr selber seiet etwa halb sieben mit ihm hinauf.

Ja.

Wie kann das sein? Ihr wisset es wohl nicht mehr. Er kann euch überweisen, daß er um halb sieben ganz wo anderst war.

Das Mädchen blieb unerschütterlich.

Am 31. Juli (13. Verhör) war der Untersuchungsrichter in derselben strengen Stimmung gegen die Koch.

Wir werden nun andere Maßregeln ergreifen. Ihr habet wiederholtermalen augenscheinlich gelogen.

Ich habe etwas vergessen, sagte sie, und erzählte umständlich, Bisch habe zwei „Trömli" (Glieder) vom Halsnoster abgerissen und sie in die Tüchelroose hinein geworfen; zwei habe er ihr gereicht, damit niemand sie mehr zusammenhalten könne. In Krummenbisches beim Beten habe er ihr eine Fratze (a Schnorra) zugeblikt, weil es hieß, sie habe sich gefürchtet.

Eben so drohte der Statthalter Matzenauern mit schärferen Maßregeln, da er nun überwiesen sei und konfrontirte die Beiden, wo Nann das von den „Trömli" repetirte, was er entschieden in Abrede stellte. Es werde sicher darauf herauskommen, daß ein Fremder der Mörder sei.

Ihr habet die Annamarei laressirt. Hattet ihr verbotenen Umgang mit ihr?

Ich? nie, Herr. Ich habe täglich ein Vaterunser gebetet zur Muttergottes, daß ich nie in ein Unglück komme. Es muß ein Fremder gewesen sein. —

Nun wurde das Mädchen an seine Vorgabe von Schwangerschaft erinnert. Sie wiederholte tel und nannte den Beklagten als den Thäter, dem sie Zeit und Ort, unter anderm den Vormittag des Herrgottstages im Walde ins Gedächtniß rief und ihn bei dessen Erwähnung wie spöttisch anschaute. Matzenauer (es war jene wilde Umarmungsszene) erröthete hiebei, was den zwei Herren nicht entgieng.

Anna Maria, hattet ihr nie mit einem Fremden solchen Umgang?

„J wätza nûts dervo."—

Die größere Verhörkommission, als sie vom Bisherigen Bericht erhielt, wußte so wenig einen Ausweg als der Statthalter. Ein ausländischer Leser dürfte hier mitleidig über unsere Justiz lächeln. Er übersieht aber, daß wir in den s. g. kleineren, demokratischen Kantonen wenig theoretische Juristen, und diese oft gerade nicht an Stellen haben, wo es solcher bedürfte; daß somit leztere noch völlig mittelalterlich in der Hand solcher einfacher Ehrenmänner sind, welche das Volk, und oft genug wider ihren Willen, aber die Annahme ist Pflicht, an der Landsgemeinde dazu wählt. Die Kommission durchgieng alles Protokollirte und berieth wiederholt, während der Zeit, und zwar nicht ohne Absicht, die zwei Gefangenen ihrem Nachdenken und Gewissen überlassend.

So kam die Mitte des August, wo ein Kriminalurtheil zu vollziehen war. Ein Landsmann (ich nenne weder seinen Namen noch seinen Heimatsort, weil er jezt allgemein den Ruf eines braven Mannes genießt), welcher in Verlegenheit und Gemütsaufregung sein eigen Haus und Gaben angezündet hatte, sollte den s. g. „langen Gang", d. h. bis zum Galgen und wieder zurück, ausgepeitscht werden. Die Koch schaute aus dem Weibelstubenfenster zu, als man vor dem Rathhause unten dem Manne das Urtheil vor allem Volke vorlas und hierauf die Exekution begann. Es dürfte sonderbar, Vielen sogar unglaublich scheinen, aber dennoch ist's: das Mädchen, selbst in einem Kriminaluntersuche, lachte dabei (aber nur um zu maskiren was sie innerlich fühlte, und sich zu betäuben) und sagte zu des Weibels Frau: Bald wird es auch dem Geyersbuben so gehen. —

Als sie Samstags den 18. im August vor der gesammten Kommission vorzutreten hatte, erzählte sie, nur jezt besonnener, den ganzen Hergang wie in der lezten Zeit.

Jezt erschien Matzenauer.

Wir haben den strengsten Auftrag, mit aller Schärfe dahinter zu kommen.

Ich kann nicht helfen, ihr Herren. Ich habe nichts gethan.

Ihr glaubet vielleicht, wenn ihr nicht Ja saget, könne man kein Urtheil sprechen. Man kann das dennoch.

Ueber mich könnet ihr keines sprechen, weil ich keine Schuld habe. Gott Lob und Dank, daß ich es nicht gethan. Ich glaube es gerade jezt noch, daß es ein Fremder war. —

9. Die Flucht.

Aber mit dem Mädchen gieng in dieser Zeit trotz dieses äußerlichen Sperrens und Wehrens, eine innerliche Veränderung vor. Das mußten Weibels im täglichen Umgange zuerst bemerken. Sie antwortete häufig auf Anfragen gar nichts, oder erst wenn sie laut wiederholt wurden, brütete über irgend etwas und redete viel im Schlafe, ohne daß man (es wurde aufmerksam gelauscht) das Mindeste verstehen konnte. Oft hörte man sie Nachts ihr Bett verlassen und unruhig in der Stube auf- und abgehen, wobei sie abermals, jedoch nur unverständlich murmelte. Dabei sah sie immer angegriffener aus und nahm, obschon sie es gut genug hatte, sichtbar ab.

So gieng es, da in der Zeit das Verhören eingestellt blieb, bis zum ersten im September. Es war der Samstag vor der Gontener „Chilbi" (Kirchweih und Tanzbelustigung), eine Zeit mit hundert Jugend- und Freudeerinnerungen. Diese zogen jetzt durch ihre Seele, aber nicht mehr im ehemaligen freudigen Lichte; es waren Töne springender Seiten, und durch jede Gruppe der sich vordrängenden Bilder schritt, sie Schatten gleich durchschneidend, eine schwarze, feindliche Gestalt.

Je näher jenes Tages der Abend rückte, desto heftiger wogte ihre Brust und stürmten ihre Gedanken. Sie wollte ersticken, und öffnete, da sie gerade allein war, das Fenster. Sie trank gierig die kühler werdende Luft und schaute zwischen den Häusern an den Himmel. Sie dachte sich die Hundweiler Höhe, an deren Fuß ihre Heimat Gonten liegt und bemerkte weiter rechts, noch weiter als der Himmelberg, gegen St. Gallen und den See zu, den Himmel immer goldener, das Vorzeichen eines folgenden schönen Morgens.

Es ist recht, sagte sie leise zu sich selbst, es muß geschehen. Dann schloß sie das Fenster, weil sie kommen hörte. Es war des Weibels Frau. Nann aß ihre Suppe mit mehr Appetit als bisher und war viel beredter. Sie erzählte, wie ihr Vater noch als Bub einmal spät Abends, um eines dringenden Geschäftes willen, nach Eggerstanden hätte sollen, aber, sowie er über die Sitterenbrücke im Dorfe gekommen, weil es schon dunkelte; der Höhe zu weit gegen „Gäs" (Gais) hin verirrt und erst nach 3 Stunden, mit Schweiß bedeckt und mit einem geschwollenen Kopfe von einem mitleidigen Manne an den bestimmten Ort geleitet worden sei. Er sei „in einen Wind" (in Geisternähe) geraten und habe daheim poltern müssen. Die Weiblinn wußte von ähnlichen Fällen und sagte, das hätte der Vater leicht vermeiden können, wenn er, so wie er über die Brücke war, von den 3 Wegen denjenigen rechts, der Sitteren nach, bis nahe der Säge eingeschlagen hätte und beim steinernen Brüllein links abgeschwenkt wäre. Dort wäre er sicher und richtig nach Eggerstanden gelangt, wohin es kaum eine Stunde sei, und vor dem „bösen Winde" hätte es ihn bewahrt, wenn er vor dem Weggehen daheim das „Weihwasser" genommen.

Das Mädchen horchte so aufmerksam auf, daß des Peterers Frau ihre Freude daran hatte und, als sie weggieng, ihrem Mann berichtete, das Mädli sei wieder recht in der Ordnung. —

Dieses aber, sowie das Weib hinaus war, wollte nicht warten, bis man die Rathhausthüre Abends unten schließe, sondern faßte schnell einiges bereitgelegte Gewand aus dem Schranke in ihre Schürze, nahm Weihwasser zum Bekreuzen, huschte, unter der halb= geöffneten Thüre sorgsam horchend, barfuß aus der Stube, die sie leise schloß, schlich die Steintreppe hinunter, und sich unten, unterm Rathhausgewölbe umsehend, um die der Straße entgegengesetzte Ecke, und mit Angst gewahrend, daß der Landschreiber gerade die Kanzleiläden schloß, schnell dem Kirchhofe zu. Wie sie am Kirchen= portale vorbeischritt, konnte sie nicht umhin, einen Blick links an die Kirchhofmauer zu werfen, wo, jäh ob dem Strome unten, außer der Mauer, auf dem schmalen Rande, deshalb genannt „unschuldiger Kirchhof", ungetaufte Kinder, aber auch Hingerichtete, ceremonienlos eingesenkt werden. Sie schauderte unwillkürlich. Ihr war, als wollen ihre Füße, des Gehens im Freien Monate lang nicht mehr gewohnt, in den Boden wurzeln, und hatte doch Eile jetzt so blutnötig.

Sie raffte alle ihre Kraft zusammen, stürzte am Chore der

hübschen Kirche in den gothischen Bogen hinein, der durch einen kühlen schmalen Steingang um den Chor führt und mußte sich am zweiten Bogen halten und etwas athmen, denn ihre Füße wankten und ihr Athem schien ihr zu versagen. Nach wenig Augenblicken aber, da Alles stille blieb, schlich sie die Kirchentreppe hinunter, schaute auf den untersten Stufen noch einmal um, und eilte, als Niemand sie verfolgte, über die Brücke und immer schneller. Drüben merkte sie sich von den 3 Wegen den rechts am Strome hinaufführenden bis zum steinernen „Brülli", und bog, ehe sie zur Säge kam, hier links vom Wasser ab und durch das thauige Gras der Höhe zu.

Erst jezt holte sie frei Athem. Sie gieng nicht mehr, sie flog, wie wenn sie früher, ein jugendlich Reh, über Heidekraut und Waldgras geeilt war. Es dunkelte mit schnellen Schritten.

Der Mensch ist, wo es Andere betrifft, ein bisweilen gnadenloser Censor. Es giebt vielleicht Leser, sie wundern sich, daß und warum wir ein Landmädchen auf der nächtlichen Flucht begleiten oder gar uns um sie bekümmern sollen, welches, unter schwerem Verdachte der Mithilfe oder gar alleiniger Vollführung einer entsezlichen That, Belege merkwürdiger Herzenshärte, und falls sie allein schuldig sein sollte, eines Egoismus an den Tag gegeben hat, welcher einen Schuldlosen in Untersuch auf Leben und Tod brachte. Der Schriftsteller jedoch befindet sich hier auf einem andern Standpunkte; er ist stolz genug, sich als Priester oder doch Diener der Vorsehung zu betrachten, und nur in deren Sinne zu fühlen und zu handeln. Diese aber ist von einer nie ermüdenden Geduld, nie zu erbitternden Milde. Sie sieht in der Flüchtigen ein, es ist wahr, furchtbar verdächtigtes Wesen; aber diesen Moment vergißt sie es, und Nann ist ihr blos ein der Todesgefahr entrinnendes, mit dem höchsten Grade von Lebenslust und Leidenschaftlichkeit begabtes, armes junges Weib. Die Abendluft kühlte der vor innerer Aufregung und äußerer Anstrengung Erhizten, Athemlosen das Antliz und die wogende Brust, wie eine Mutter dem sündigen, fieberkranken Kinde, und des Himmels Sterne wiesen ihr, wie freundliche Augen, die steinweiße Linie des in die Höhe steigenden Fußweges.

Erst als sie eine bedeutende Strecke entfernt war, hielt sie still, drehte sich um, labte sich an dem milden Himmelshauche, und warf einen Blick zurück, indem sie aus innerster Seele nicht sprach, aber fühlte: frei! frei! frei! Zu hinterst, im Duftschleier der Nacht, erkannte sie die Gontener- oder Hundwiller Höhe, weiter vorne rechts den Himmelberg, links den Kronberg und im Sternenlichte den Säntis, vor sich, nur noch an Lichtern erkennbar, Appenzell mit dem Rathhause und der Kirche daneben. Im gleichen Augenblicke, es mußte 8 Uhr sein, verkündigte die große Glocke, dann die anderen den Feierabend der Woche, in welchen links vom „Kappell" die Glöcklein hell einstimmten. Als sie das Kloster erblickte und ihr rechts ob demselben an der Höhe das Hochgericht in den Sinn kam, kehrte sie rasch um, als wäre es ein Sturmläuten über ihre Flucht, und rannte auf ein neues und noch kräftiger der Höhe zu.

Links zog mit und neben ihrem Wege ein Höhenzug sonnenhalb, rechts waren Städel und einzelne Häuser, im Himmelgrunde oben die Fänera. Es bellten einzelne Hunde, was sie, wie ein flüchtig Wild, jedesmal erschreckte. Ihr Geist war jedoch stärker als der Körper. Der Fußweg, je dichter das Dunkel auf ihn herabsank, wurde durch die ungleich eingefügten und oft rauhen Steine immer beschwerlicher und sie, die so lange die Stube nie mehr verlassen, immer müder. Rückwärts blickte sie nicht wieder, aber schmerzlich nach Osten, wo links von der Fänera die Lücke sich am Himmel öffnete, welche den Eingang in die Freiheit bezeichnete. Dort, das wußte sie aus des Vaters Erzählungen, gieng es hinunter an den Rhein, der sie ins Oesterreichische tragen sollte, wo ihr Haus Bekannte hatte, im „Landsknechtenlande" (Vorarlberg), woher die Appenzeller alljährlich um Zins Vieh zur Sömmerung empfangen. Sie versuchte bald barfuß zu gehen, bald zog sie die Schuhe wieder an; beides schmerzte sie, und ihre Füße, von den Steinen verwundet, bluteten, und fanden bloß Erfrischung, wenn sie durch nasses Gras gieng oder neben den bretternen Steglein, die sie zuweilen traf, ins kühle Wasser trat.

So kam sie nach einer schweren halben Stunde zur St. Jakobskapelle links am Wege, von deren kleinem Altare durch die offen stehende Thüre ein Lichtstrom auf die Wandrerinn und in ihre Augen traf. Es trieb sie, hineinzutreten, sich drinn zu setzen und ihren Jammer dem zu klagen und den zu berathen, der allein Hilfe, Trost und guten Rath in Noth spendet, und schon wollte sie hinein, als eine große schwarze Gestalt sich drinnen bewegte und ihr vors Licht trat. Sie erschrak, zog wie eine Sinnpflanze ihre Fühlblätter wieder zusammen, und wankte, als sie gefragt, ob sie auf dem rechten Wege nach Eggerstanden sei und ein kurzes Ja erhalten, ohne daß die Angefragte drinnen sich nach ihr umwendete, getäuscht weiter. Jeden Sonnabend wird in dieser Kapelle von den Umwohnenden ein Rosenkranz gebetet, und die zulezt hinaustretende Person löscht die Lichter.

Mir ist, als wäre ich vor dem offenen Himmel gestanden, seufzte sie; aber es wird nicht sein sollen, man will mich dort nicht. Mit diesen Worten sezte sie sich einige Schritte weiter erschöpft an den Fuß einer Mauer, von welcher herab einige schneeweiße gemalte Kreuze auf schwarzen Sargbrettern sie angeblikt hatten, wie solche im Appenzellischen und der St. Galler alten Landschaft Katholiken an Häusern, Scheunen oder Hägen befestigen, damit Vorübergehende des Todes denken und für die Seelen ihrer Verwandten, deren Namen, Alter, Sterbetag darauf geschrieben stehen, ein Vaterunser beten. Dahin passe ich besser, sagte sie zu sich selbst, die Todten stehen mir nicht im Weg und im Lichte. Aber kaum gedacht, fuhr ein Schauder durch sie.

Sie ruhte aus und ließ diesen Abend, neben einem andern den wichtigsten ihres bisherigen Lebens, vor ihrer Seele vorüberziehen. Ich mußte, fuhr sie bei sich selbst fort, entweder alles sagen, was mich so schwer drükt, oder fliehen; ich mußte mir selbst und der Mutter entfliehen; es hätte mich binnen Kurzem getödtet. Der Bub ist ein armer Bub, der, obwohl aus meiner Schuld bereits über eilf Wochen lang gefangen sizt, und schon acht davon in hartem Kerker bei Wasser und Brot und unter Schlägen, doch noch nie die Schuld der gräßlichen That auf mich geworfen hat. Aus Mitleid zu ihm wäre ich im nächsten Verhöre mit Allem herausgerückt, nicht den Herren zulieb, denn die sind eben nichts als schwache Mannsbilder, und nichts leichter als sie nach Belieben über'n Gänsebrek zu führen. Sie merken nicht was ihnen vor der Nase liegt. Nun ich fort bin, ihn niemand mehr anklagt und kein Beweis wider ihn gefunden werden kann, müßen sie ihn loslaßen, dann ist Beiden geholfen. Ich bleibe ein paar Jahre über'm Rhein, und es wächst Gras über die wüste Geschichte.

Nach etwas Zeit vermochte sie erquikt ihren Weg fortzusezen, der von hier an etwas breiter wurde, aber gleich holpericht blieb. Nach einer neuen schweren halben Stunde gewahrte sie enger stehende Häuser und eine Kirche in schwachen Umrissen. Sie war in Eggerstanden und wurde von einem begegnenden Manne, den sie nach dem Wirtshause fragte, in den Bären gewiesen, wo sie, als die Hausfrau mit einem Lichte die Thüre öffnete, vor Ermattung beinahe umgesunken wäre. Sie wankte zur Bank, wo sie sich sezte und die Wirtinn ihr etwas Branntwein reichen wollte, die Füße damit zu waschen. Sie zog aber frisches Wasser vor, durchstach dann, wie man sie daheim gelehrt hatte, die breiten Blasen an den Fußsohlen mit Seidefaden, welchen sie darinn stecken ließ und spürte augenblicklich Erleichterung. Zum Glücke war kein Gast da, wovor sie sich geängstigt hatte. Obwohl ihr Vater in dem Hause gut bekannt war, hütete sie sich ihren Namen zu nennen, bestellte dann auf die gewöhnliche Anfrage vier „dünngesottene" Eier, ein Bürli, einen guten Schoppen Wein und ein sauberes Bett für einige Stunden, da sie früh Sonntags auf den Weg und nach Freienbach hinunter müße, wo ein naher Verwandter überm Rheine her sie erwarte und mit hinüber nehmen werde. Während sie aß, erkundigte sie sich über den Weg und erfuhr von der redseligen Wirtinn, wenn sie warte bis es ein bischen tage, könne sie nicht leicht fehlen. Etwa „zwo Hämaten (Heimaten, Höfe) wit" vom lezten Hause werde sie zu einem kleinen „Töbeli" gelangen, und über diesem drüben gehen zwei Wege auseinander. Der links führe hinunter nach Harb, der rechts, viel betriebener durch Wanderer, die ins Oberland müßen, über den Berg an den Freienbach hinunter, wo sie in leicht zwo Stunden ankommen könne; es wäre in einer und einer halben möglich, aber ihre Füße seien wohl blöd und der Weg, als Alp=weg, etwas wild und steinig.

Als sie mit Lust gegessen und getrunken, verlangte sie, da sie nicht frühstücken werde bis zum Vetter, weshalb sie von dem neben dem Bürli aufgestellten „räßen Fladen" (Pfefferkuchen) ein Viertel zu sich steckte, die Rechnung, welche nebst dem Schlafgelte 20 Kreuzer oder 5 Bazen ausmachte, und wurde von der Frau zwei Treppen hoch in die obere Kammer geführt, wo zwei zweischläfige Betten parat stuhnden. Sie wählte eines, nachdem sie untersucht, ob es auch reinlich sei, und zog sich sehr schnell, und nicht einmal ganz, aus, denn die Wirtinn hatte aus Sparsamkeit oder Vorsicht ihr nur ein Lichtstümpchen dagelassen, welches, nachdem es etlichemal im Todeskampfe aufgeflammt, in wenig Augenblicken erlosch. Müde dekte sie sich, die dichte Bauern=Bettdecke etwas schüttelnd, und schlief, von ihren Gefühlen und dem roten Weine geschaukelt, bald ein.

Ihr Schlummer war indessen kein ruhiger und erquickender. Von ihrer Anstrengung und ihrer Lage aufgeregt, war er sehr fieber=haft und sie wachte häufig auf. Wie sie einen Laut auf der Gasse

vernahm oder einen Hund bellen hörte, war ihr erster Gedanke, es
werde ihr nachgesezt; doch tröstete sie die Annahme, man würde sie
sicher in Gonten, nie hier suchen. Mehr erschreckte sie gegen Mitternacht ein Wehn des Föns, das in manchen Stößen förmlicher Orkan
wurde, und zwischenhinein ein Rauschen, in welchem sie starken Regen
vermuten zu müßen glaubte, was durch das Klirren der runden
Fensterscheiben bestätigt zu werden schien. Sie schlief mit Kummer,
daß sie bei Unwetter über den ohnehin wilden Berg werde müßen,
mehreremal ein, wiederholt an fieberischen Träumen und dem Sturme
und Rauschen erwachend.

Wie es nur ein wenig „lüterlete" (dämmerte), schoß sie an
eines der vielen Fenster, öffnete es und war froh überrascht, als
der Himmel in Osten schon goldgelb zu röthen begann und das
Gebrause sich als der nahe Bach auswies. Der Berg vor ihr,
welcher vom Dörfchen aufstieg, mußte die Fänera sein, und sie be-
fand sich somit gerade in jener gestern so sehnsuchtsvoll in der Ferne
erblikten Höhenlüde ihrer Rettung. Nachdem sie sich gewaschen und
mit dem handgroßen rauhen Tüchelchen abgetröknet, welches dalag,
trat sie aus dem Hause und hinunter auf das Brülchen, welches
über jenen Bach führte und dann wieder aufwärts zur kleinen
Kuratkirche, deren Vorbach sie an die ihrer Heimat erinnerte und
abermal einen Sturm von Gefühlen in ihrem Innern aufstörte.

Auf die Höhe des Dörfchens gekommen, sah sie hinter sich noch
immer den Berg ob Gonten, vor sich aber, blau, schon überm
Rheine, jene, die sie vom Vater her als die des Vorarlberg erkannte. Sie blikte wie mit Heimweh drauf hinüber und dachte sich
gerade hinter ihnen, in der Ebene unten müße die Kaiserstadt Wien
liegen. Wie sie höher stieg, stieg auch die Sonne hinter den blauen
Zinnen herauf, die Fänera vergoldend. Sie aß den Rest des gestrigen Brotes und das Stük Flaben, wozu sie an einem Brunnen
am Wege Wasser trank. Auf ihrer Nachtweide ruhende Kühe drehten
die Köpfe nach dem wandernden Mädchen; und die Kälbchen, noch
neugieriger, wie das bei diesem Völkchen, namentlich in stillen Berg-
weiden immer Sitte ist, stekten die Köpfe durch die Zäune und
schauten ihm nach. Wie sie sich dem Töbeli näherte, sah sie die
Hundwiler Höhe und die Eggerstander Kirche mit ihrem rübenrunden
Thurmküppelchen noch ein leztesmal. Dann giengs über die großen
Steine, welche den Steg bildeten, und drüben den Weg rechts und
immer hinan, dem Walde zu, bald Steinweg, bald von jener Art

aus neben einander gelegten jungen Tannen-Stammſtücken beſtehen-
den, die der Appenzeller „Brügelbrogg" (Brücke) nennt, wie ſie der
Gegend uralt eigenthümlich angehören.

Gegen halb ſechs Uhr blieb ſie überraſcht von einem für ſie
einzigen, impoſanten Anblicke ſtehen. Das Rheinthal dehnte ſich
vor ihr in der Tiefe unten hin, durchzogen durch den im Morgen-
lichte glitzernden Landesſtrom, der ſich, wie eine Rieſenſchlange, zwi-
ſchen zwei langrunden Hügeln hinwand. Ihm zu liefen vom Gebirge weg, auf dem ſie ſtuhnd, mehrere Silberſtreifen, der Rötelbach
und der Freienbach, die ihn bei Montlingen erreichen. Sie ſetzte
ſich einige Augenblicke in die hier wachſenden Gentianen und ſtaunte,
ohne je Vorleſungen über das Schöne gehört zu haben, das Gemälde ſtumm und bewundernd an. Drüben lag, faſt mit den Händen zu greifen, die Gegend, die ihr Ziel war, und Ranfwil, der
beliebte Wallfahrtsort.

Sie erhob ſich geſtärkt, wanderte von da an rechts abwärts,
einzelnen kleinen Gruppen, meiſt Mädchen, begegnend, welche auf
den Ca-mor giengen, wo eine berühmte Fernſicht iſt, und langte,
abermal ſehr ermüdet, nach einer kleinen Stunde, etwas vor halb
ſieben, am F r e i e n b a c h an. Je näher ſie indeſſen der Ebene kam,
wo ihr Schickſal ſich vielleicht entſcheiden und ſie ein Aſyl finden
ſollte oder keines, deſto ſchwerer wurde ihr zu Mute, deſto troſtloſer
drückte ihre Lage auf ſie ein. Einen Augenblick hatte ſie beinahe
im Sinne, „in Gottes Namen" in einen „Gonten" (Tümpfel, aus-
gehöhlte Tiefe) des rechts am Wege rauſchenden Freienbaches zu
ſtürzen. Dann aber dachte ſie: nein „in Gottes Namen" kann
man ſo was nicht thun, das wäre in eines Andern Namen, dem
ich eben entgehen möchte. Sie riß ſich von dem Gedanken los,
nahm den Weg wieder unter die Füße, und gieng entſchloſſen berg-
abwärts. Als ſie unten in Rehag, das erſtemal Jemanden anre-
dend, nach dem Wege fragte, antwortete der Mann, da komme ſie
in wenigen Augenblicken an den Hirſchenſprung und ins Oberland;
wenn ſie nach Ranfwil wolle, müße ſie zurück und die ſchöne
Straße, die ſie vor ſich erblicke, nach Oberried und nach dem Schloße
Blatten, wo man hinüber fahre nach Mainingen. Auf einmal kam
wieder etwas Mut in ihr verzagtes Herz. Blatten, ja das war der
Name, den ihr Vater immer als Ueberfahrtsort genannt hatte. Sie
eilte mit friſcher Kraft die Landſtraße hin, die ihr neben dem bisherigen Steinwege wie ein Stubenboden vorkam, und, neben ſich

rechts den oben bewaldeten Blattenberg, vor sich links, in Obst-
bäumen, Kirche und Dorf Oberried, zwischen schön stehenden
Türken= (Mais=) Aeckern, den ersten, die sie sah und anstaunte, gewahrte sie bald auf dem Ende des Bergzuges den antik dastehenden,
viereckigen Thurm des ehemaligen Stift=St. Gallischen und Ram-
schwagischen Schloßes Blatten, mit dem Felszuge vom Hirschen-
sprunge her einst die Grenze zwischen den zwei Ländern Aleman-
nien und Churrätien oder dem Thur= und dem Churwallengaue.

Als sie am Ufer des Rheines anlangte, sezte sie sich müde
auf einen der großen Kalksteine eines s. g. Noth= oder Vorder-
Wuhres ins Erlengebüsch, wo sie Toilette machte. Sie wusch sich
Hände, Füße, Gesicht und Hals, zog weiße Strümpfe, einen guten
Rok, ein Tschöpchen und ihre Sonntagskappe an, und schaute nun
sinnend das Land auf in die hohen Berge des Oberlandes, Kalanda
rechts und Falknis links, den Rhein ab und lange hinüber an das
kaiserliche Ufer, wo Maimingen liegt. Sie dachte nicht mehr dran,
ihrem Leben ein Ende zu machen, wozu ein Hinuntergleitenlassen
vom Steine hingereicht hätte. Der Strom gieng tief und wirbelnd
am Ufer, nicht ein wohlthätiger Nil, sondern ein alter, seinen Zehnt
und Grundzins alljährlich gnadelos einziehender Dynast und Landes-
und Bauernfeind, dem, nach langem Reden und Schreiben erst in
dem Momente, wo ich dieses erzähle, die gesammte Eidgenossenschaft
vereint zu Leibe gehen will. In des Mädchens Seele war ein
fester, schon in den lezten Tagen im Rathhause wiederholt aufge-
tauchter, während dieser Reise aber reif gewordener Entschluß gekommen. Ihre Gedanken drängten einer den andern, wie der Strom
zu ihren Füßen seine grauen trüben Wasser. In diesem stieg sie
schweigend in das eben mit Reisenden vom Maininger Ufer her
zurückkommende Fahrzeug, das an dem gespannten Seile nun hinüber
gerudert wurde.

Angelangt im Oesterreichischen und von dem Mauthner, welcher
an dem Mädchen mit seinem geübten Auge sogleich eine harmlose
Pilgerinn erkannte, wie sie fast täglich aus der Schweiz kommen,
kurz angefragt, begab sie sich, rüstig schreitend, die gute Straße
durch volle Obstbäume hinauf nach Rankwil, vielbesucht aus der
nahen Schweiz und der Umgegend. Sie staunte, als sie sich im
Dorfe etwas erfrischt, über den Berg mit der burgähnlichen Kirche
oben, stieg den Felsweg hinauf, gieng oben den ringsum führenden,
bedekten Gang herum, mit dessen wundervoller Aussicht weit ins

Land sie sich aber nicht lange abgab, wie sie auch in den seit Jahrhunderten von Knieenden tief ausgehöhlten Marmorstein nicht hineinkniete. Es trieb sie in die Wallfahrtkirche, deren Glanz und gegenwärtige Stille zugleich ihre Sinne überraschte und ihrem Herzen wohlthat, und nachdem sie in einem der Kirchenstühle sich einen Augenblik gesammelt, denn was sie drükte, war einfach, trat sie in einen der Beichtstühle, welche, wie die in Einsideln, Dinge hören, frische und veraltete, oft längst vernarbt geglaubte Wunden sich öffnen sehen, die man daheim, dem ordentlichen Pfarrer um keinen Preis entblößt hätte, und wo bisweilen, wie im alten Epidauros, die lange, ruhige Praxis Seelenschäden heilt, worüber der schlichte Dorfgeistliche in Verlegenheit geriethe und, sei es wegen der Komplizirtheit oder der Bedeutung des Falles, oft glauben würde, an den Bischof gelangen zu sollen, um über die Absolution entscheiden zu können. Hier war dem nicht also. Der freundliche Alte, welcher zu Beichte saß, stuzte, wie die Appenzellerinn den ersten Saz ausgesprochen hatte, schaute, was er bisher nicht gethan, sondern blos sein Ohr an das Hörgitterchen gelehnt hatte, das Beichtkind erschroken an, hieß sie aber sogleich ruhig fortfahren, was sie, sich fassend, klar that. Als sie geendet, blieb er einen Augenblik in der forschenden Stellung, und redete dann so ernst, aber auch so rührend in ihre Seele, daß sie in Thränen zerfließend aus dem Beichtstuhle trat und in dem Kirchenstuhle, wo sie jezt wieder kniete, so heftig schluchzte, daß einige Nahekniende nach ihr umschauten. Diese staunten, als das Mädchen, nachdem die Beichten zu Ende waren, nicht an die Kommunionbank vortrat, sondern, nachdem sie noch geraume Zeit stille gebetet, die Kirche verließ. Jezt waren sie klar, die Beichtende war nicht absolvirt, sondern hatte blos Weisung erhalten, was sie zu thun habe, um die Lossprechung zu verdienen. Da indessen solche Fälle zuweilen vorkommen, dachte ihrer bald Niemand weiter; nur eine Person, welche die Büßende drinnen aufmerksamer angesehen hatte, erkannte sie draußen im gedekten Rundgange wieder, wo sie sie in den zwei ausgehöhlten Knierinnen knien sah und noch immer schluchzen hörte.

Die Nann, während sie vor jenem großen Gemälde sinnend stehen blieb, auf welchem, nach der Legende, der irische Glarnerapostel Fridolin den todten Ursus aus dem Grabe holt und mit dem Geripp vor dem rätischen Landgerichte erscheint, (um die durch denselben an ihn gemachte Schenkung des Thales Glaris zu erweisen) welches man oft in diese Gegend versezt, weil das Gericht in späterer Zeit wirklich hier gehalten zu werden pflegte, schauderte bei dem Gedanken, wenn jezt der Pfarrer von Gonten, welcher ihr am Morgen des 14. Juni auf ähnliche Weise zugesprochen, wie so eben der greise Beichtvater da drinnen, wenn er auch so mit der längst begrabenen Magdalena Fäßler vor den Herren auf dem Rathhause in Appenzell erschiene und die Todte gegen sie für den armen Matzenauer öffentlich Zeugniß gäbe. Sie kehrte sich rasch um und eilte den Berg hinab.

In der Nähe von Feldkirch lebte ein Bauer, mit welchem Riedsennengnazi viele Jahre lang Viehverkehr hatte. Sie wußte seinen Namen. Zu dem wollte sie, in dessen Dienst treten (daß sie dies ohne Ausweisschriften nicht können würde, daran dachte das unerfahrene Mädchen nicht von ferne) und vor Allem an den Landstatthalter Heim schreiben und des Matzenauers Schuldlosigkeit offenbaren und diesen um Verzeihung bitten. Sie schien sich verjüngt schon durch den festen Willen dieses zu thun, hielt sich nur einen Augenblik auf im Frauenkloster Altenstadt, und eilte durch Feldkirch, dessen schöne Häuser und helle Straßen sie an St. Gallen erinnerten, die einzigen zwei Städte, die sie je gesehen hatte, auf das Gut des Bauers über der Illbrücke, welches sie erfragte. Wie sie sich dessen Hause näherte und sein Vieh anschaute, gewahrte sie mit freudigem Schrecken eine Kuh, die sie schon zweimal daheim gehabt und die sie oft gepflegt hatte. Das Thier erkannte das Mädchen, wie es den bekannten Namen rief, kam auf sie zu, lekte ihr die Hand und lehnte schmeichelnd den Kopf an sie. Jezt überkam die Nann ein übermächtiges Gefühl, welches sie drei Monde später selbst am treffendsten mit den Worten schilderte: „Auf einmal mußte ich weinen und dachte, ich wolle wieder heim". Gedanke und That war bei diesem Wesen meist Eines. Sie wäre gleich umgekehrt, hätte nicht der Bauer gerade jezt die Szene mit angesehen, sie daraus erkannt und in die Stube genöthigt, wo sie mit der Familie zu Mittag essen mußte. Hier erzählte sie blos, was leicht geglaubt wurde, sie sei in Folge Gelübdes nach Rankwil und pressire wieder nach Gonten. Als sie alles längere Einladen abgelehnt, machte sie sich auf den Rückweg nach Mainingen, und, so ist der Mensch, so sehr sie sich gestern und heute gesehnt, ins Vorarlbergische zu kommen, konnte sie jezt das Maininger Fahr und Blatten kaum erwarten, und flog dem Gebirge zu.

10. Die Heimkunft und das erste Geständniß.

Aber je höher sie stieg, wo der Kamor und ob ihm der „hohe Kasten" gen Himmel ragten, und die Pyramide der Fänera ihr das Thor in ihre Heimat zeigte, wie auf der Herreise das zur Flucht, um so schwerer schienen die Berge wieder, einem Alp gleich, auf ihr Herz zu drücken. Der finstere Geist, wie erzürnt, daß er vertrieben werden solle, suchte seinen alten Sitz zu behaupten. „Zweimal hatte ich im Sinne, in ein Brunnenbett zu springen" erzählt sie in dem oben erwähnten Altenstücke. Sie that es nicht. Aber wie sie im Ländchen oben die Hundwiler Höhe wieder erblikte und Abends spät die Glocke in Appenzell Beten läutete, war ihrs, als müßte sie vor dem jüngsten Gericht erscheinen und die Todte sage vor aller Welt, wie es am Unserherrgottstage hergegangen sei. Ihre Pulse schlugen, ihr Herz pochte, in ihrem Gehirne hämmerte es. Es war abermal tief Nacht, als sie über die Sitterenbrücke raste; aber sie gieng nicht auf das Rathhaus zu, sondern am Löwen und dem Landsgemeindeplatze vorbei, wo sie einer stechenden Erinnerung an jenen Fremden, der ihr den Hof gemacht, schnell entfloh, Gonten zu. Nach manchem Stillestehen und schwerem Athmen langte sie eine Halbstunde vor Mitternacht auf dem Hüttenberge an. Sie hatte lange den Mut nicht, anzupochen, und that es endlich leise. Die Mutter hörte und kannte sie sogleich, öffnete und erschrak froh. Jesus, Maria, was hast du mir Angst gemacht, Mädli, sagte sie in der Stube leise zu ihr, als ich inne wurde, du seiest auf und draus. Ich dachte mir nichts anders als du habest dir was angethan und habe den ganzen Tag gebetet. Der Vater sagte heut Abend noch: leicht wäre das Mädli genug zu so was.

Jezt sezten sich die Zwei auf eine Bank und redeten lange flüsternd und ernst. Als aber die Tochter von Erscheinungen (oder was es sonst war, vielleicht Eingebungen ihres kranken Gehirnes) im Rathhause erzählte, wie „im Stübli" einmal sich ihr ein Thier gezeigt habe, welches mit glühenden Augen auf sie geschaut, wie einigemal Einer ihr „über die Bettstatt ina (herein) ghanget", in der Kammer Einer sie „zweimal gebrüllt" habe; wie Mazenauer sie lezten Winter, als sie, wegen des Unfriedens daheim, ins Wasser springen wollen, getröstet und aufgemuntert habe und nun dafür Hunger und Gefangenschaft und Stokschläge aushalten müße; wie sie ihn lezthin, als man sie einmal in den untern Verhaft gethan, in der Nacht laut habe beten hören und selbst gebetet habe, „daß ich nicht mehr mit ihm streiten müße"; wie sie von dorten keine Ruhe mehr gehabt, in lezter Zeit Blattern auf der Zunge bekommen habe, und jezt auf das in Rankwil Gehörte doppelt entschlossen sei, Alles zu bekennen, weil an Allen nichts Schuld sei, als die „verfluchte" Kette, fuhr die Mutter, als hätte plözlich eine Schlange sie gestochen, zurük und hätte beinahe einen Schrei ausgestoßen. Die starke, abgehärtete Frau bemeisterte sich indessen bald und sagte, wieder näher rükend, blos: Ich glaube, du bist „verrukt", Mädli. Hierauf schwieg sie eine geraume Zeit und fragte dann, wie an jenem Morgen, als sie Beide von Gonten weg ins Dorf vor die Herren giengen, ob sie eine so große Freude habe und eile, sich lebendig vom Henker den Kopf von den Schultern hauen zu lassen? sie, die man als Kind jedesmal habe anbinden oder mit Gewalt halten müßen, wenn man ihr nur einen bereits wakelnden Zahn herausreißen wollen? Der Nann fuhr abermal ein Schauer durch Mark und Bein und sie sprang entsezt auf: nie Mutter, nie bekenn' ich! — Aber nach einer Sekunde sezte sie sich wieder und sah aus wie eine geknikte Pflanze. Mutter, sagte sie, aber der Beichtstuhl? Ich bin nicht absolvirt worden und werd' es nie, und der Pfarrer sagte oft, wer ohne Absolution hinsterbe, sei der Hölle verfallen. — Du närrisch Kind, das glaubt er selber nicht. Ich hörte ihn selbst einmal deutlich sich aussprechen: es sei nicht recht zu sagen, die „Ußerroder" werden verdammt; der liebe Gott werde das schon recht machen und vertheilen. Die Reformirten aber, die doch so gut sündigen wie wir, beichten, wie du weißt, nie, und sterben also jedenfalls sammt und sonders ohne Absolution. — Das wirkte auf das Mädchen; es fragte jedoch nach wenigen Athemzügen: Aber der

Bisch, Mutter? Dann werden sie ihn köpfen, und das darf nie und nimmer geschehen. — Sie werden ihn nicht köpfen, Annamarei, weil sie nicht können und dürfen. Er hat noch nie bekannt, niemand hats gesehen und somit ist er nicht überwiesen und kann ihn kein Richter verurtheilen. — Sie haben aber den Landammann Suter, sagt man, auch ohne Geständniß verurtheilt und getödtet, Mutter. — Das ist was andres, Kind. Die Herren mußten den Suter fürchten, aber den Gerersbuben fürchtet kein Mensch. So wie sie nichts aus ihm herausbringen, werden sie müde werden, glauben, das Mädli sei Nachts ins Wasser gefallen und euch Beide freilassen müßen. — Die Nann saß eine Weile, als horchte sie immer noch, sagte aber der Mutter dann, wie viel und was sie den Herren bisher angegeben. Welchen Rath ihr die Mutter auf dieses in der feierlichen Stunde ertheilt, darüber haben wir keinerlei Nachricht.

Jezt begaben sich Mutter und Tochter zu Bette, doch so, daß Niemand im Hause was ahnte, und ehe es noch recht tagte, wanderten verabredetermaßen Beide den Hüttenbergwald herab und wie an jenem Morgen dem Dorfe zu, wo sie die Nann dem Landweibel wieder übergab, mit Vermelden, sie werde nun nicht mehr entfliehen und die Sache hoffentlich bald ans Ziel gelangen. —

Am 6. September Donnerstags **verhörte man die Koch.**
Ihr seid also fort gewesen, Anna Marei?
Ja.
Das wirft Verdacht auf euch. Warum seid ihr weg? und wie?
Nun erzählte sie ihr Entweichen und bis wohin sie gelangt sei.
Warum aber thatet ihrs? Gieng das Geschäft hier anders als ihr euch vorgestellt?
Nein, aber ich konnte nicht anders als wieder einmal an die Luft, die ich gewohnt bin.
An die Luft hättet ihr ohne das können, wenn ihr unschuldig seid. Aber ihr habet verschiedentlich versucht, den Richter hinters Licht zu führen. Ihr sagtet auch, ihr habet die Ketten nicht getauft und getragen.
Das hatt' ich vergessen. —
Hier wurde sie abgeführt und der von Altstädten im Rheinthale herauf eingeladene Scharfrichter Bettenmann hereingerufen, welchen man befragte, ob er Kenntniß habe „von der Instruktion im peinlichen Examen". Er erwiderte Nein, der Großvater habe gesagt, die Folter sei abgeschafft. Was man ihm jedoch auftrage,

werde er vollziehen. Man hieß ihn, sich bereit halten, falls es zu „Exekutionen kommen sollte".

Nun brachte man die Koch und erklärte dieser, es sei einmal an der Zeit, daß sie die Wahrheit rede; es „gehe jetzt anderst".

Sie wiederholte ihre Angabe.

Hierauf kam Matzenauer vor. Er sei überwiesen; er solle bekennen. Der beharrte, der allmächtige Gott wisse es, daß er so unschuldig an dieser Sache sei als der Heiland am Kreuze.

Du kömmst heute unter Henkershand, bedenk' es wohl und bete ein Vaterunser.

Er erklärte, er habe gewiß nichts zu bekennen.

Nun steht im Protokolle: „Der Anna Maria sollen durch den Scharfrichter sechs Stockstreiche aufgemessen werden. Nur nicht so heftig".

Auf dies wurden Beide konfrontirt und ernst zur Wahrheit gemahnt.

Zuerst befragte man die Nann. „Sie erzählt die Sache ganz getreu wie vorher. Matzenauer will durchaus nichts bekennen. Wurden ihr sechs Stockstreiche aufgemessen, und sie nachher wieder befragt. Sie bestätigt. Nun wurde der Matzenauer auf den Stuhl gebunden und ihm sechsunddreißig Stockstreiche aufgemessen. Alle sechs Streiche wurde er befragt, und konnte zu keinem Geständniß gelangen.

Erkannt, er solle um 2 Uhr ins Bocksfutter gespannt und um 3 Uhr wieder vorgeführt werden."

Es geschah. Dies Bocksfutter bestuhnd darinn, daß man dem armen zerschlagenen Burschen Nachmittags die Hände zusammenband, diese dann über beide Kniee herabzog, einen Stecken zwischen Kniee- und Armbiegen durchtrieb und ihn so an die $^3/_4$ Stunden schmachten ließ.

Nach 3 Uhr brachte man den Gepeinigten vor die Hochgeachteten Herren.

Ob er sich nun anderst bedacht?

Ich bin jene Zeit gewiß nicht aus der „Feuerschau" heraus. Zusenpfifers Hannestoni weiß das auch, weil ich mit ihm geredet habe.

Der Untersuchsrichter nahm sehr übel, daß Matzenauer nicht zum Gestehen zu bringen sei und fuhr ihn an: Matzenauer, zu euch sagt man jetzt nichts mehr, bis es euch selbst in den Sinn kömmt.

„Es wurden demselben noch 20 Prügel in 4 Touren aufgemessen. Noch immer kein Geständniß."

Am 14. Freitags inquirirte man im 17ten Verhöre das Mädchen. Sie sei am Herrgottstage nicht, wie sie angegeben „durch Häuslersseppen hinauf" zwischen 3 und 4.

Jezt gestuhnd sie „nein, um halb sieben".

Zum 19ten Verhöre am 27. Sept. Donnerstags erschienen alle 3 Mitglieder der Kommission.

Die Koch wiederholte auf Anfrage, Matzenauer habe ihr jenen Vormittag angezeigt, er wolle die That begehen und berichtete abermals die angegebenen Nebenumstände.

Der Verhörende: Es ist viel Verdacht auf euch, daß ihr selbst die Mörderinn seiet.

Und doch ist's nicht wahr.

Ihr seid unterm Rosenkranz mit ihr hinauf.

Nein, ich bin gar nicht mit ihr hinauf.

Es ist eure Pflicht, uns die Wahrheit zu sagen.

Ich sagte sie.

Ist es nicht streng für den Matzenauer, falls er unschuldig sein sollte? Man kann fast nicht glauben, daß du nicht mitwissend und mithandelnd gewesen seiest.

Es ist nicht anderst, als ich es gesagt habe. —

Nun wurde M a t z e n a u e r hereingeführt.

Wir glauben, daß ihr Langeweile habet. Kürzet es ab und gestehet.

Ich kann nicht anderst reden. Ich habe durchaus nichts gethan und gesehen, und kann nicht sagen, wer es gethan. „Bsonderbar verdächtig" ist es jedenfalls gegangen; ich aber bin schuldlos.

Ihr seid doch am Vormittag mit ihr und seid voraus.

Ja, ich habe gefragt, ob sie Nachmittags auch hinunter gehe. Sie antwortete Ja; doch habe ich sie unten nicht gesehen, und mir schon manch hundertmal den Kopf zerbrochen, wie es hergegangen sein könne.

Euere Liebste würde so was sicher nicht sagen, wenn es nicht wäre.

Dennoch ist es gewiß nicht wahr. Ich kann nur wiederholen: es ist nicht und kann nicht sein.

„Erkannt, es sollen ihr das nächstemal zehn Prügel aufgemessen werden." —

Aber seit Matzenauer im Volksfutter gewesen, hatte die Nann wieder Nachts viel geredet und Tags, nach des Weibels Ansicht, „wie verwirrt" gethan. Einmal soll sie diesem, als er ihr bemerkte, es drücke sie sichtbar etwas und er an ihrer Stelle würde lieber bekennen, geäußert haben: Wenn sie mir mit dem Bisch den Kopf abhauen, aber Beiden mit einem Streiche, dann sag' ichs; aber sonst nie; „si chönnid=mi z'chlina Fetza verschnida".

Am 27. Oktober Samstags waren im 20sten Verhöre abermal alle 3 Herren anwesend und ließen sie vorführen. Sie blieb jedoch stumm bei ihren Fragen, und sagte endlich: **Einem allein will ich es sagen.**

Der Sädelmeister nahm Abstand mit ihr, wo sie aber, als hätte es sie gereut, blos äußerte, sie dürfe es nicht sagen. Mehr als Andeutungen brachte er nicht aus ihr, und sie blieb stumm, als sie wieder vor den Herren stuhnd.

Jezt wurde der Nachtwächter hereingerufen, der früher die Stockstreiche ertheilt hatte.

Man fragte ernster. Es erfolgte keinerlei Antwort; auch nicht als man ihr mit Streichen drohte.

Nun erhielt sie 6 Stockstreiche und man fragte, ob sie die Wahrheit angeben wolle?

Ja.

So erkläret euch.

Ich habe es gethan.

Wie gienget ihr es an?

Ich habe sie in die Roos hineingestoßen.

Wann?

Am Unserherrgottstage.

Waret ihr allein?

Allein.

Wo seid ihr mit ihr weg?

Von Gonten und da mit ihr hinauf. Dort geschahs.

Wann kamet ihr von heim weg nach Gonten hinunter?

Wie die Vesper angegangen war.

Wo trafet ihr die Person?

Auf dem Kirchhofe.

Sagtet ihr, sie solle mit euch hinauf?

Ja; ich habe das Noster verloren; sie solle mit mir hinauf und es mir suchen helfen. Die Magdalena stimmte gleich zu, fügte aber bei, um 4 Uhr müße sie wieder daheim sein. Dann sind wir zusammen weg, und nachdem sie ihren Regenschirm in Bartlimd's eingestellt, Seppen Karlönis und der Roos zu. Dort gab ich ihr einen Stoß und hielt sie drinnen.

Hat sie sich gewehrt?

Ja.

Wie?

Sie schweigt.

Was that sie? saget es!

Sie „verzerrte" mir die Brüchlilette, wo ich sie unterm Wasser hielt, in welches ich hineintrat, als sie heraus wollte, und rief noch dreimal: Wart', ich sag' es der Mutter.

Merktet ihr bald, daß sie todt war?

Ja. Sie war es schnell. Ich ließ sie im Wasser liegen.

Wie konntet ihr ihr die Waare abnehmen im Wasser drinnen?

Ich zog sie ihr im Wasser ab. Das Halsnoster ließ, und da sind 2 „Trömli" ins Wasser gefallen. — Wie sie zu schluden aufhörte, ergriff mich eine unbeschreibliche Angst, daß mich etwa Jemand bei der That erblickt hätte und man mich auch tödten werde. Ich floh entsetzt in den Hüttenbergwald und dann hinab und zurück nach Gonten.

Hat Matzenauer etwas von der Sache gewußt?

(Nach langem Besinnen) Nein.

Warum sagtet ihr, er habe sie getödtet?

Weil ich meinte, er thue es (nehme es auf sich) mir zulieb.

Ihr habet angegeben, ihr seiet am Unserherrgottstage Vormittags mit Matzenauer heim?

Das bin ich.

Und ihr sagtet ihm gar nicht, ihr wollet sie umbringen?

Kein Wort.

Der Matzenauer weiß also wirklich nichts?

Nicht das Mindeste.

Sonntags den 28. Oktober erschien im Rathhause zu Appenzell Matzenauers Geschwisterkind, Köchlis Hannes Tonis fröhliche Katharina in der Roos ob dem Gschwendli, falls der Leser sich ihrer noch vom Landsgemeinde-Sonntag her erinnert, und mit ihr ihre Gespielinn von demselben Tage, Franziska Serafina Signer oder Bösen Hannes Sepps Zischgeli auf Hütten. Beide wollten

Matzenauern in seiner Einsamkeit besuchen und ihm eine Freude machen: Zischga mit Trauben, Katharina mit Aepfeln. Der Weibel wies sie an den Statthalter heim. Der dicke Herr empfing sie (seit gestern umgestimmt) freundlich und lachte, als die Mädchen ihr Anliegen vorbrachten. So, ihr wollet dem Buben einen Kram bringen? Dann schickte er sie zum Landweibel zurück mit der Erlaubniß des Besuches; der habe den Schlüssel zu seinem „Kämmerli". Sie giengen. Vor der Thüre draußen meinte das schüchterne Zischgeli, der Weibel habe sie vornehmer angeschaut als der Statthalter, und sie „schenire" sich zu ihm. „Wößt nöb worom", lachte Katharina. Ja vornehm, wenn man nicht wüßte, daß er, sobald er den Weibelmantel an den Nagel hängt, nichts weiter ist als Schneiders Tonelis Batistli.

Der von dem sie redeten, führte die Zwei drei Treppen hoch bis vor das Loch, welches er jezt öffnete, und in dessen Dunkel der Matzenauer halb im Hemde auf Stroh lag. Der erstaunte und erschral fast als er sie erblickte. Als er ihnen jedoch die Hand reichte, erschraken hingegen sie, denn diese war von Hunger und Grämen fleischlos wie die eines Gerippes. Reden konnte er nicht, blos „bläggen" (weinen). Das ist ja erschrecklich, Bisch, jammerte Franziska, wie sie mit dir umgehen; Katharina aber platzte heraus: es, der Unflat, wird schon rundere Hände haben als du, es hat es mehr als gut. — Matzenauer tröstete die Freundinnen, indem er äußerte, es bessere jezt, es scheine, sie habe gestern gestanden.

Die Innerröblerinnen giengen beruhigter heim, obwohl Franzisken sowohl auf dem Wege als zu Hause das Wasser in die Augen schoß, so oft die Rede auf den armen Buben und seine Behandlung kam, welche sie eine himmelschreiende nannte, während die wahre Thäterinn guter Dinge sei.

11. Der Knäul löst sich.

Aber jenen Sonntag war auch bei Nann Besuch gewesen, ihre Mutter. Was sie zusammen besprochen haben, weiß ich nicht; aber im Verhöre Montags (29. Okt.), welches jedoch im Protokolle fehlt, muß das Mädchen sein Geständniß ganz anderst eingekleidet haben, denn das folgende 22ste, Mittwochs den 31., beginnt mit der Frage:

Letzten Samstag (27.) gestuhndet ihr, ihr habet die Person allein in die Roos gestoßen und getödtet; am Montag aber (29.) gabet ihr wieder vor, ihr und der Matzenauer habet sie gemeinschaftlich umgebracht. Was ist nun das Wahre von beiden?

Es kämpfte sichtbar in der Unglücklichen; aber sie rang ihr besseres Gefühl nieder und sprach kein Wort. Erst als man zu Stockstreichen Anstalten machte, erklärte sie auf die nochmalige Frage: sagtet ihr am Montag die Wahrheit? kurz: Nein. Weiter brachte man nichts heraus. Jetzt band man sie auf den Stuhl und gab ihr 6 Streiche, und nach neuem Anfragen und abermal Stummbleiben wieder sechs. Dann band man sie auf und fragte wiederholt.

Ich darfs nicht sagen.

Wollet ihr die Wahrheit noch nicht bekennen und euch erschlagen lassen?

Ihr könnet mich erschlagen. Endlich, auf neues Insiedbringen: Es ist mir gleichgültig. Und wieder: Ich weiß es nicht.

Auf dies erhielt sie zwölf Stockstreiche, sagte jedoch nichts als: Ich muß nicht mehr als sterben. Und wieder: Ich darfs nicht sagen, und wenn man mir tausend Gulden gäbe. Lieber will ich sterben. Weiter war sie nicht zu bringen.

Am 2. November Freitags versprach man ihr, falls sie gestehe, einen milden Richter. Sie wiederholte fest, sie dürfe es nicht sagen.

Es ist mir „ein Ding" (gleichgültig), wenn ich sterben muß. Dabei blieb sie zäh' oder wiederholte: ich weiß es nicht mehr.

Auf den Stuhl gebunden, brach sie heraus: **ich muß sterben, wenn ich es sage**.

Es wurden ihr sechs Streiche gegeben und auf ihr hartnäckiges Schweigen abermal sechs. Dann steht im Protokolle: „That, als sei ihr übel".

Da man aus einem Gespräche zwischen ihr und ihrer Mutter wußte, daß sie auch dort Matzenauern von jeglicher Schuld freigesprochen, verhörte man sie Montags den 12ten, und sie gestuhnd offen, erzählte die Nebenumstände wie früher und fügte, befragt, bei, Matzenauer habe nichts gewußt, wollte aber nicht heraus mit der Sprache, warum sie ihn früher so beharrlich angegeben. Aber auch jetzt schwankte sie wieder, als sie aufgefordert wurde, Matzenauern unumwunden aller Mitschuld zu entlassen.

Am 13. Dinstags heißt es: „Wurde aufgebunden und befragt. Alle Ermahnungen fruchtlos. Drei Stockstreiche. Neues Befragen. Wieder drei und noch zweimal drei. Ist im Gleichen." Endlich: Ich wollte, ich könnte es ändern, und hätt' es nicht gethan. **Ich will alles sagen, wenn ich mit Matzenauern reden darf**.

Sie meinte damit in ihrer Einfalt, wohl ohne Zeugen mit ihm reden. Denn als man den Burschen hereinkommen ließ, war sie wie ein Stein und mußte abgeführt werden.

Jetzt gieng es hinter Matzenauern, weil er geäußert, sie habe ihn „verrätscht". Er erklärte, das könne nur das Heimgehen Vormittags mit ihr bedeutet haben, und weil er, ohne zu wissen warum, wegen ihr habe ins Dorf und vor die Herren müßen, habe ihm nichts einfallen können, als sie wolle ihn vielleicht hineinziehen.

Die Nann kam wieder herein, und er redete ihr beweglich zu, einmal die Wahrheit zu sagen: Annamarei, ich glaubte schon längst, das Gewissen drücke dich; es ist gewiß bedauerlich, Jemanden 21 Wochen durch so plagen zu lassen. Das thust blos du, den Herren kann ich keine Schuld geben. Ich will dir auch alle Prügel und daß ich unter den Henker kommen mußte, verzeihen. Sag wie es zugegangen ist, und denke, du stehest vor dem Richterstuhle Gottes.

Hier wurde er abtreten geheißen und sie wieder befragt. Sie blieb unbeweglich. So auch am 17. November Samstags, wo sie endlich ihre Schwestern vorschob und abermal beifügte, sie wollte, sie könnte es ändern. Vergebens drohte man, vergebens wurde sie auf den Stuhl gebunden und ihr 6 Streiche gegeben. Jetzt rief sie: ich wills sagen, wenn ihr mich auf lasset.

Sie wurde losgebunden, verharrte jedoch etwas Zeit stumm, bis sie nach sichtbarem innerm Kampfe, in die Worte ausbrach:

Wenn ich „abletzen" (den letzten Abschied halten) darf mit ihm. Hier stürzten ihr die Thränen in die Augen.

Ist er also in der That schuldlos?

Ja, das ist er.

Und ihr habet ihm von Allem nichts gesagt?

Nie.

Also in Mällisbuben Acker nichts?

Kein Wort.

War euch das Mädli sonst Freundinn?

Ja.

Ihm ist somit die ganze Geschichte unbekannt?

— — — Ich darfs nicht sagen. Endlich: Nein, er wußte rein nichts.

Warum klagtet ihr ihn denn an?

Weil er mir lieb war.

Warum habet ihr mit ihm wollen abletzen?

Ich sehe ihn ja jetzt nicht mehr.

Was würdest du ihm sagen?

Ich habe ihm zu kurz und unrecht gethan.

„Es wird erkannt, er solle in die Stube, und sie ins Stüble (Gefangenschaft) gebracht werden."

Matzenauern allein stellte man vor, die kältere Jahreszeit trete jetzt ein und das Mädchen sei ganz unglücklich wegen ihrer Liebe zu ihm.

Unglücklich kann sie das nicht machen. Sie weiß, daß ich unschuldig bin. Ich weiß nicht, war es ein Fremder oder irgend wer sonst.

Nun wurde ihm die Anzeige gemacht, die Koch verlange noch mit ihm abzuletzen.

Am 20. November Dinstags wiederholte diese die Erzählung vom Morde und Matzenauers Unbekanntschaft damit, vorher und nachher.

Hat der Matzenauer das Mädli auch karessirt?

Hier arbeitete es in Nanns Brust gewaltig. Sie dachte jenes

seines Heimgehens mit der Magdalena am Montag vor der entsetzlichen That; aber das sollte in ihrem Herzen verborgen bleiben, und sie zog es vor, als Diebinn verurtheilt zu werden, als das geheimste Geheimniße ihrer Seele, die That der Rache, vor irgend einen Sterblichen zu bringen. Eine Romanheldinn hätte sich groß gefühlt im offenen Geständniß; dies Berglind aber war weit entfernt von einer solchen, von deren Dasein sie überhaupt keine Ahnung hatte. Sie antwortete nach kurzem Zögern stolz:

Nein, er liebte eine Andere.

Wann kam euch die That in den Sinn?

Am Vormittag.

Und dennoch eröffnetet ihr ihm nicht, was ihr entschlossen waret?

Nein.

Saget es unverholen. Es ist ja gleichgültig. Wollet ihr euch noch plagen lassen?

Ich habe jetzt alles gesagt, was ich weiß. Lasset den Matzenauer heim. „Ich sehe ihn jetzt nimmer."

Ihr hattet also einander lieb?

Ja.

Und im Sinn, euch zu heiraten?

Ja, im Herbste.

Mochten die Eltern das wohl leiden?

Nein, sie haben gewehrt. Es wäre schon letztes Jahr geschehen, wenn ich 18 Jahre gehabt hätte. —

Hier drang man nochmals in sie, anzugeben, ob sie Matzenauern gar nichts von der That mitgetheilt habe, und drohte ihr mit dem Nachtwächter. Sie blieb jedoch unerschütterlich, seit es einmal heraus war, auch als man fragte: Wollet ihr lieber Prügel? —

Man führte sie einige Augenblicke ab und dann wieder herein. Habet ihr euch anderst bedacht?

Sie richtete ihr Haupt auf, gab aber keine Antwort.

Hat er also gar nichts gewußt?

Nein.

Dennoch band man sie auf den Stuhl. Sie sträubte sich, wie beleidigt, und versprach zu antworten. Sie that es auch Punkt für Punkt, aber ohne ferner irgend einen Schatten auf Matzenauern zu lassen.

Auch Samstags, den 24. Nov. wollte man aus ihr was anberes herausbringen. Sie blieb unbeweglich und antwortete klar und bestimmt. Dann fügte sie bei:

Die Mutter allein ist Schuld, daß Matzenauer gequält worden ist. Sie hat „kibet" (gezankt) wo des Weibels Bub mit dem Bott kam, ich solle machen — — — (nicht lesbar). Der Knecht sagte, es heiße in Gonten, sie sei mit mir heim; da bin ich „verklupft" (erschrocken).

Warum gabet ihr den Matzenauer an?

Weil die Mutter so „schulig" (furchtbar) gethan hat. Ich kann nicht anders sagen, als die Mutter sei Schuld (was sie wiederholt).

Habet ihr euch der Sünde nicht gefürchtet?

Es ist mir nie in den Sinn gekommen, daß ich sündige, bis es vollführt war. —

Einvernahme (29ste und letzte) den 26. Nov. Montags.

Hat alles so seine Richtigkeit, wie ihr es angegeben habet?

Ja alles.

Wenn es Jemand gesehen, hättet ihr es dennoch gethan?

Ich wollte gern, es hätte es Jemand gesehen; ich hätte es dann nicht gewagt.

Hierauf fragte man nochmals über die Nebenumstände. Sie antwortete überall ruhig mit Ja.

Warum also habet ihr Matzenauer angegeben?

Wegen der Mutter.

Weshalb?

Das darf ich nicht sagen.

Ihr müßet.

Wegen der Mutter.

Hat denn die Mutter gesagt, ihr sollet auf einen Andern fallen?

(Zögernd) Wegen der größern Schwester. Ihr Schatz ist Bura-Karlönis Bub und dieser des Mädlis Vetter.

Jetzt wurde beschlossen, den „Zuzug", d. h. den gesammten Wochenrath einzuberufen, um zur Aburtheilung zu schreiten.

Dann rief man Matzenauern, dessen Sache, falls er auf Entschädigung dränge, den Herren nicht geringe Verlegenheit bereitete. Indessen etwas Diplomatie ist auch in den Bergen.

Die Herren, eröffnete man ihm, sind der Meinung, jetzt den Prozeß zu beendigen. Ihr habet Spuren gehabt, daß das Mädli von ihr getödtet worden sei. Ihr habet Verdacht auf euch geladen im Heruntergehen vom Berge, mit Zeugenaufnehmen, und daß ihr sagtet, sie habe euch „verrätscht". Die Person fühlt sich unglücklich wegen dieser Liebschaft. Sie hätte halt gerne schöne Kleider besessen. Ihr werdet ihr nichts nachtragen, ihr verzeihen und keinen Regreß auf sie verlangen.

Ich will ihr gerne zeitlich und ewig vergeben. — Das Wort Regreß war seinem Verstande eben so fremd, als seinem Herzen jedes Rachegefühl. Daß ihm damit eine Falle gelegt war, daran dachte er nicht von ferne, und er war der froheste Mensch, als man ihm in der Weibelstube seine baldige Freiheit ankündete.

12. Das Urtheil.

Das von der Unglücklichen so sehnlich verlangte Abschied=
nehmen von demjenigen, dem sie so weh gethan, vergaß man ent=
weder, oder man wollte ihr diese Erleichterung ihrer Seele nicht
gönnen. Ihr langes und hartnäckiges Läugnen hatte die Herren
endlich gegen sie „ertäubt", und, wie ein genauer Beobachter des
Handels sich gegen mich ausdrückte, sie waren so lange in ihre vor=
gefaßte Meinung versessen, daß sie, schon als Herren und ehren=
halber, geglaubt hatten, dabei beharren zu müßen, bis sie jetzt ge=
zwungen waren, zu merken, daß ein 18jähriges, aber entschlossenes,
Mädchen sie beinahe 23 Wochen durch zum Besten gehabt hatte.
Deshalb zürnten sie ihm. Matzenauer erfuhr erst über zwölf Jahre
später, durch mich, die allererste Nachricht, daß sie von ihm habe
Abschied nehmen wollen. Sie weiß es jetzt im Himmel, hoff' ich,
sagte er mir, wie aufrichtig ich ihr Alles vergeben habe und noch
vergebe.

Am 28. Nov. (am „Mettig" d. h. Mittwoch) wurde Matzen=
auer entlassen. So seelengern er den Qualort verließ, gieng es
nur höchst langsam die Rathhaustreppe hinab, denn es that dem
Entkräfteten jeder Schritt weh. Unten empfieng ihn eine Volks=
masse, die ihn als Märtyrer der armen Klasse ansah (und wo man
den Argwohn noch heute vernehmen kann, die Herren haben ihn
absichtlich übel gehalten, damit er in der Verzweiflung sich ein Leid
anthue, worauf die Sache kurz beendet worden wäre), mit Hände=
schütteln und Bedauern. Aber am erfreulichsten war dem armen
Burschen der Anblick seines Götti, welcher ihn, wie am Lands=
gemeindesonntag, unter den Arm nahm, denn er sah ihn wanken,
und ihn der Masse entführte, und abermal in den Adler, wo er

ihn an denselben Tisch in der Stube setzte und nun was Gutes kommen ließ. Der Mann konnte nichts über die Lippen bringen als: Gott Lob und Dank, Buob! und erst als sie behaglich saßen, brach er aus: „Die sind aber schulig mit=ber umgganga; du häst jo an Chropf." — Wirklich war Bischs Hals durch das zurückge= haltene Schreien unter den Stockstreichen aufgedunsen, und der ganze Bursch nur Haut und Knochen.

Matzenauer hielt es am Wirtstische, trotz der Leckerbissen, nicht lange aus und sagte jeden Augenblick: „hä (heim) zur Muoter. Si hät lang gnuog Chommer glitta." Sie brachen bald auf und Gonten zu. Ich will vom ganzen Wege nichts sagen, als daß der Bursche die Bäume bedauerte, an denen sie vorbeigiengen, daß sie nicht aus der Wurzel fahren und in Freude und Freiheit sich wäl= zen („trola") konnten. —

Der Schluß, zu welchem die vorstehende Geschichte jetzt eilt, fällt dem Verfasser schwer auf die Seele, und er geht recht ungern dran. Er kann jedoch an der Wahrheit, mit welcher er bis diesen Augenblick erzählt hat, nichts ändern, und der Gang, der hier er= scheint, liegt tief im Leben. Auch da endet die freundliche Wiege, die Anfangs=Idylle, das Morgenrot mit dem ernsten Sarge und in der stummen, feuchten Nacht. Sogar die Kunst schließt Ossianische Hallen=, Liebes= und Harfenbilder mit der öden, brandenden Küste, dem leblosen Moor, dem Sterben und dem trüb hinschwebenden Geiste, und im Nibelungenliede die Abenteuer des Sigfridskindes und seiner Liebe und Feste mit dem Röcheln und Bluten im jammer= vollen Saale, Lieb mit Leid, Fröhlichkeit mit Weinen und Klagen. Die Saite, der wir lauschten, springt. Die Wanderung, auf welcher mich der Leser freundlich begleitete, hatte eben kein anderes Ziel, als die Berge wie sie sind. Das üppige Grün mit seinen Senn= hütten, seinen weidenden Heerden und deren heimeligem Geläute hört auf, wie wir in die Region treten, wo das Leben endet und nur noch die Wunden früherer Gigantenkämpfe klaffend und starr gähnen; ich kann weder eine Erdbeere noch eine Alpennelke mehr vom Rande des Gletschers pflücken, so gerne ich sie der Gesellschaft böte. Irre ich mich aber in mir nicht, so findet sie auch hier einen andern Genuß, wo neben uns das kristallische Urgebirg mauergleich himmelhoch aufstarrt, nichts mehr hörbar ist, als das Weh= oder Beuteschreien des hoch oben wie unbeweglich in der reinen Luft hangenden Lämmergeiers, oder, je nachdem der Windzug sich dreht, das näher kommende und wieder verschwindende Tosen eines Bergbaches — sonst nichts, rein nichts, so daß die Stille nun um uns vor sich selbst zu erschrecken scheint.

In der Stille ist Gott.

In der Seele des Mädchens, dessen Schicksal uns bisher beschäftigt hat, war auch Stille und Oede, als sie, jetzt nicht mehr in der Weibelstube, sondern in der Gefängnißzelle, in tiefen Gedanken auf dem Rande ihres Bettes saß. In dieser Stille, mag auch ein Leser oder eine Leserinn, die ohne Sünde sind, hier den Kopf schütteln, war auch Gott. Dieser frägt Niemanden, wo er wohnen solle und dürfe. Er war hier, und das Mädchen merkte es noch nicht, oder zagte, es zu hoffen, und war ihm so weh zu Mute, und fühlte sich so welt- und gottvergessen. Es hatte seine Seele durch Geständniß, unumwundenes, und sobald es einmal den Mut gefaßt hatte, allem Einflüstern zum Trotze dem eigenen bessern Sinne zu folgen, beharrlich und treu erleichtert. Da saß sie, ein regungloses Bild, außer daß sie von Zeit zu Zeit tief tief Athem holte, und ihr Zagen stieg und stieg wie eine Flut, die dem am wegelosen Felsenufer überrascht Dasitzenden immer näher und schon an die Brust herauf rückt.

In kleinem Raume von ihr saß der einberufene Wochenrath und Zuzug und beriet über ihr junges Leben. Es war Donnerstag, der 29ste im November. Sie horchte gespannt, und so oft eine Thüre gieng und ferne Stimmen erschollen, war es, als wolle ihr Herz sich zusammenschnüren. Der Weibel, seit dem 24sten mitleidig gegen sie gestimmt, hatte verheißen, ihr einen Wink zu geben, so wie er was Tröstliches zu berichten habe. Darum ihr Zagen, darum das Bewegen ihrer Brust, darum ihr fieberisches Athmen. Die Augenblicke zerrannen wie die Körner in der Sanduhr, einer nach dem andern. Der Mensch klammert sich konvulsivisch ans Leben, sie war kein Sokrates, sondern ein blutjunges Wesen, fühlte so heiß und wußte nicht, was das nächstfallende Sandkorn bringen würde!

Die ihr wohlbekannte Thüre gieng unten. Dort heraus trat jetzt ihr Leben oder ihr Tod. Es redeten Stimmen, es kamen langsame Tritte die Treppe herauf von zwei Kommenden. Der Schlüssel fuhr ins Schloß vor ihrem Kerker, die Thüre öffnete sich und herein trat ein Pater aus dem Kapuzinerkloster. Sie sah ihn nur wie man den niederfahrenden einschlagenden Blitz sieht, denn im gleichen Nu sank sie, weiß wie Wachs, vom Bettrande auf den Bretterboden.

Als des Weibels Frau sie ins Leben zurückgerufen hatte, bedurfte es weniger Worte, um sie von dem, was ihrer wartete, in Kenntniß zu setzen. Der Wochenrath hatte das Todesurtheil ausgesprochen, und am 3. des Dezembers, Montags werde der große Landrath sich versammeln und das Urtheil bestätigen — oder abändern. Der Pater, ein milder Greis, wollte ihr nicht eine Hoffnung machen, die, getäuscht, nur um so bitterer wirken müßte, und zeigte ihr an, sie habe bis dahin 3 Vorbereitungstage, Freitag, Samstag und Sonntag, zu völligem Aussöhnen mit Gott, dem sie das Ende ruhig überlassen und abwarten solle, was er auch verhängen werde.

Nann hörte ihn nur halb, sein Erscheinen hatte ihr mehr gesagt als Worte es hätten können, ihr Gesicht war auf ihn gerichtet, aber wie Glas, und als die Weibelsfrau auf einen Wink des Paters, abtrat, konnte das ungebildete Weib das Weinen, so viel Aehnliches sie auch schon erblickt hatte, kaum zurückhalten.

Die Thüre schloß sich. Der Pater gieng als Seelenkenner zu Werke. Er gewann erst des Mädchens Vertrauen und dies in einem solchen Grade, daß sie ihn ungerne scheiden sah, als er verhieß, morgen und die zwei anderen Tage viel bei ihr zuzubringen, welches nicht zu vergessen, sie ihn recht rührend bat. Sie war jetzt ruhiger geworden, und erwartete den Freitagmorgen und ihren Tröster mit einem Zutrauen und Glauben wie den Heiland selbst.

Am Morgen erschien er früh. Sie trat ihm heiter entgegen, wenn auch sehr blaß. Er setzte sich, hieß auch sie sich setzen und begann nun ihren Seelenzustand zu untersuchen. Er fand ein, wenigstens jetzt und gegen ihn, offenes Gemüt, das keinen Hehl mehr kannte. Aber der Mangel an religiöser Erziehung, an lebendigem Auffassen des diesfalsigen Unterrichtes und vor Allem an einer sittlichen häuslichen Leitung betrübte ihn und würde ihn erschreckt haben, hätte er nicht all dies im Beichtstuhle Jahre durch, seit er hier stationirt war, zu bemerken nur allzu vielen Anlaß gefunden. Wo die Eltern nicht Eltern- und Gottesliebe in den Kindern zu wecken verstehen und zu gleichgültig darinn sind, können Schule und Pfarrer in ihrem wenigern Verkehre nicht mehr völlig nachhelfen, und wo in die zarten Gemüter gar alltäglich Beispiele von Rohheit, Sinnlichkeit, Unredlichkeit ihre Eindrücke machen und wiederholen, wo bald zu laxes Behandeln sittlicher Momente, bald wieder barbarische Strenge am unrechten Orte Verstocktheit, Lüge, Hinterlist systematisch einimpfen und ursprünglich wahre, offene Seelen vergiften, da kommen die genannten beiden Anstalten zu spät. Da entwickelt sich in den Buben Rohheit und Betrugsinn, in den Mädchen Gefallsucht, Buhlerei, und der Same einer immer verdorbneren Generation geht wuchernd auf. Es that dem guten Pater diese Wahrnehmung um so weher, je schneller er unter der Rinde verwahrloster Erziehung viel kindliches Wesen, Dankbarkeit und vor Allem einen außerordentlich festen Willen erkannte, Elemente, aus denen ein treffliches Weib hätte werden können. Nun aber war das kindliche Anschmiegen Koketterie und Eitelkeit, der feste Wille Eigensinn und ein unbeugbarer Egoismus geworden.

Ohne viel Theorie bewirkte der Seelenarzt bald, daß Anna Maria ihre Sünde einsah und über ihr früheres Bild erschrak, als er es ihr nach geschehener Beichte mild und ruhig, aber schminkelos vorhielt. Manches, was er sagte, erinnerte sie an das in der Rankwiler Kirche Vernommene, was sie aber dort noch nicht so verstanden hatte. Daß sie über das Schmähliche und Niedrige ihres Lügens klar worden war, zeigte sich darin, daß sie, der Pater mochte fragen, was er immer wollte, nicht mehr im Stande gewesen wäre, ihm die mindeste Unwahrheit zu sagen. Ich würde mich vor Euch und dem lieben Gott und mir schämen, sagte sie, als er ein einzigmal die Frage that, ob sie hier nicht unwahr geredet habe. Mit starkem Erröten wies sie die Ansicht zurück, die sie dem Richter nicht hatte nehmen wollen, als wäre schnöder Raub der Grund zu der That gewesen, über welche sie ein über das andremal schauderte; obwohl in diesem einzigen Punkte verlegen und zurückhaltend, ließ sie den Menschenkenner ahnen, warum ein tiefer Haß sie gegen eine Kamerädinn gewaffnet habe, die ihr sonst, das wiederholte sie, gerade ihres stillen Wesens wegen die liebste gewesen war; ja, sagte sie unter hervorstürzenden Thränen, vielleicht gerade deshalb, weil sie alles war, was ich nicht war (sie hätte, wäre sie psychologisch gebildet gewesen, sagen können, weil sie war wie ich die Anlage dazu ebenfalls in mir trug, wo es aber in der Entwickelung verkümmert wurde). Das Abreißen des Silberschmuckes hätte nur den Mord maskiren und auf wirkliche Räuber führen sollen. Erst nach der That kam die Verwendung des Geraubten zu Befriedigung der Gefallsucht. Am schmerzlichsten zuckte ihre Wunde bei der leisesten Berührung in Bezug auf ihren Jugendgespielen Matzenauer. Sie hatte erst ebenfalls Rache an ihm üben wollen für das was sie seine Untreue hieß, dann aber' wirklich den Wahn gehegt, wenn sie ihn zum Thäter und sich zur Mitwissenden mache, werde man sie zusammen sterben lassen. Der Pater mußte ihr feierlich versprechen, ihre dringende Bitte um Verzeihung des schweren ihm angethanen Unrechtes ihm persönlich zukommen zu lassen. Sie erzählte, wie ihr Gewissen sie gedrückt. „Ich konnte gar nicht mehr schlafen und beten bis ich die Wahrheit bekannt hatte. Nun will ich gerne sterben, wenn ich nur noch selig werden kann. Ich habe den Tod verdient, denn sie hat ihn auch erleiden müssen, und sie war schuldlos." Sie empfieng mit inniger Reue, Glauben und Andacht die katholischen Sterbsakramente und betete viel. So am 30. November Freitags und 1. Dezember Samstags. Auch der Pfarrer von Appenzell und ihr eigener, Sutter von Gonten, besuchten sie, und sie nahm auch ihre Zusprüche dankbar an.

Durch Pfarrer Sutter bat sie am letzten Tage den Landschreiber Signer zu sich, um jedem Mißtrauen gegenüber, weil sie so oft und lange geschwankt hatte, ihre Angabe vor einer Amtsperson noch einmal zu wiederholen. Er weigerte zuerst zu kommen, gerade weil er am besten ihr früheres Benehmen und Schwanken kennen gelernt hatte, und erschien erst, als ihm sowohl der Statthalter Heim als der regierende Landammann Dähler die Weisung dazu gaben. Der Pater und die Wächter traten bei seiner Ankunft ab. Sie verlangte: du mußt es aufschreiben, was ich zu sagen habe. Er war, noch immer mißtrauend, ohne Schreibmaterial gekommen, holte dann Papier und Stift beim Weibel, und nun diktirte sie ihm besonnen anderthalb Stunden lang: die näheren Umstände der grausen That am Fronleichnamstage. Charakteristisch ist der Zug darinn: „Am Donnerstag (den 14. Juni, wo sie ins Dorf vorgeladen war, sie irrt sich jedoch und meint wohl Mittwoch, den Vortag) läuteten mir die Ohren den ganzen Tag, und ich dachte immer, wenn etwas von der Waare an den Tag käme, wollte ich den Matzenauer angeben, der thue es mir schon zulieb und sage, er habe es gethan. Dann erzählt sie ihre Flucht aus dem Rathhause, ihre Wanderung nach Rankwil und ihre Heimkehr auf den Hüttenberg, und fragte den Landschreiber plötzlich: Hätte ich sterben müssen, wenn ich gleich anfangs die Wahrheit gesagt hätte? Er hatte natürlich keine andere Antwort als: das könne er nicht sagen.

Folgenden Tages, Sonntags den 2. Dezember, rief sie den

Landschreiber nochmals und wiederholte feierlich Matzenauers Unschuld. Sie wolle gerne sterben, da sie daheim nun doch verachtet wäre. Ihre Kleider zu Hause vermachte sie „des Weibels Fröwli"; sie lasse den Ihrigen nichts, weil sie ihr auch die Halskette nicht haben bezahlen wollen. Sie gab ihre kleine Habseligkeit Stück für Stück an (darunter ein „Schlottenkettli", einen „Halshenker" und einen silbernen Fingerring).

Wenn einem gefährlich Kranken ein Lebenselixir eingeflößt wird, so rötet sich seine bleichgewordene Lippe augenblicklich, so belebt sich sein schon erlöschendes Auge, so reckt auch der Geist seine Glieder wieder aus, übt seine alt gewohnte Meisterschaft und scheint sich aufs neue einzuhausen in seiner Wohnung, ja zu verjüngen. Die trauernden Angehörigen staunen und hoffen wieder; nur der Meister am Krankenbette, der den Docht wieder entzündet hat, täuscht sich nicht über die hastigen Bewegungen und das Aufleuchten im Auge. Er hält das Steuer ruhig und berechnet an den Pulsschlägen, wann die Flamme erlöschen wird. Das neue Seelenleben Nanns war eine Folge des magischen Einwirkens des Paters; im Grunde von Allem, was sie that, war noch ein großer Theil Lebenshoffnung, welche, eingeschläfert durch sein Beruhigen, jetzt am 3. Dezember, dem verhängnißvollen Montag, wieder mit all der Heftigkeit aufflammte, die diesem sonderbaren Wesen inne wohnte. Ihm, wie er sie kennen gelernt, fiel diese Erscheinung nicht auf; er schien ihr den Lauf lassen zu wollen, suchte jedoch sich ihrer unmerklich zu bemächtigen.

Der große Rath versammelte sich um zehn Uhr unter ihren Füßen. Sie war in höchster Unruhe. Sie horchte zerstreut auf des Seelenhirten Worte; aber all ihre innere Kraft richtete sich fieberhaft auf einen einzigen Punkt: sie hoffte, ihrer großen Jugend wegen, auf Begnadigung, und die Herren hatten in mehr als einem Verhöre diese Hoffnung selbst in ihrem Herzen angefacht, wenn sie davon redeten, sie seien nicht da, sie zu tödten, sie solle bekennen, dann werde sie einen „gnädigen Richter" finden. Wer könnte sich darüber verwundern, daß solche Funken zündeten, daß sie an diesem Morgen mit verstärkter Gewalt wiederkehrten? Daß die Todesstrafe wider die Menschennatur, wider die Vernunft, wider das Recht und die Moral ist, das konnte sie nicht, wie wir, aus Räsonnement wissen; aber ihr innerstes Gefühl sagte ihr das mit unwiderleglichen Gründen. Die Wahrheit ist eine Macht, ein Jehovah, vor welchem der Götze Dagon des papierenen Rechtes und der Sofistik

eines Morgens in Stücken am Boden liegen und wo die Welt
staunen wird, daß er so lange auf seinem Postamente geblieben.
Die Magdalena Fäßler lag in ihrem Grabe; kein Bluturtheil konnte
sie wieder aufwecken (für diesen Fall würde Anna Maria in den
Tod eingewilligt haben, so sehr hatte das eigene Gewissen und die
Belehrung des greisen Kapuziners Reue in ihr bewirkt), und die
Menschheit in Zukunft vor der Anna Maria Koch sicher zu stellen,
war nicht erforderlich, dieser vor einer Volksmasse mit einem langen
Messer den Kopf abzuschneiden, noch die Moral dadurch zu sühnen,
daß für einen Augenblick unzurechnungsfähiger Raserei, der Staat,
der gebildete, leidenschaftlose, besonnen das Unmoralischste, wenigstens
Leidenschaftlichste selbst begehe, was denkbar ist; denn so unvernünf-
tig war in Appenzell wohl niemand, daß er nicht sicher war, Riedsennengnazis Nann würde, am Leben bleibend, gewiß keinen Wurm
ferner zertreten, geschweige denn ein menschliches Wesen tödten.

Eine entsetzliche Stunde zerrann, während vor dem versammelten großen zweifachen Landrathe der Bericht über die That und das
Urtheil des Wochenrathes verlesen wurde. Der Herzschlag der Rath-
hausuhr war hörbar wie der in des Mädchens Innern. Jeder
brachte den letzten Moment mit Geisterschritt näher. Von der Gasse
herauf summte es dumpf wie das Reden einer großen wartenden
Volksmenge. Sie wartete auf sie! Der Pater und der geistliche
Kommissar Joh. Ant. Knill waren an ihrer Seite; ersterer hielt
ihren sinkenden Mut aufrecht (man mußte wiederholt mit frischem
Wasser ihre Schläfe befeuchten, wo es hämmerte, und dann wurde
es Nacht vor ihren Augen, es war der tagelange Todeskampf, mit
dem die Civilisation ihre Opfer mürbe macht, ehe sie sie dem Moloch
des Gesetzes, den sie selbst gegossen hat, in die glühenden Arme
legt), letzterer memorirte — an seiner s. g. Standrede auf dem
Hochgerichte.

Wie die Uhr eilf schlug, gieng die Thüre des Blutgerichtes
auf, nahten Schritte, und hieß es, die Anna Maria Koch habe vorzutreten. Ein Hoffnungsstral leuchtete in ihrem Auge und rötete
einen Augenblick ihre blassen Wangen. Sie warf einen Blick auf
das Gesicht des Paters, welches ruhig blieb, aber nicht lächelte, erhob sich dann rasch und folgte dem Weibel hinunter. Vor der
Thüre des Saales erblickte sie — den bekannten Scharfrichter
Bettenmann. Ein einziger, aber durchdringender, Schrei folgte auf
diese Erkennung. Sie wankte hinein, und hörte, nein sie hörte nicht

recht, denn es brauste in ihren Ohren wie in denen des Ertrinkenden, wenn er in die furchtbare Tiefe hinuntersinkt, die Anzeige, sie habe vor dem Rathhause ihr Todesurtheil anzuhören.

Die Unglückliche mußte zweimal erinnert werden, ehe sie, erwachend, aus der Thüre trat, wo der Entsetzliche im farbigen Mantel sie in Empfang nahm und die Treppe hinabführte, die Treppe, die sie vor 3 Monaten zu ihrer Flucht betreten hatte.

Jetzt fuhr der Gedanke durch ihre Seele wie ein Blitz, das Alles wäre ihr erspart worden, wenn sie, wie sie bei der Flucht über die Brücke war, sich in den „Bleichegonten" oder später in den wogenden Rhein gestürzt hätte. Aber sie schüttelte den Gedanken als sündhaft ab, denn der Pater folgte ihr, und trat fest vor das Rathhaus, wo die Volksmasse, Kopf an Kopf, unübersehbar, das ganze Land, schien es ihr, vor ihr und den Landjägern Platz machte.

Hier war sie nun genau an der Stelle, wo sie im Augstmonat jenen Verurtheilten hatte stehen und sein Urtheil anhören sehen. Sie erinnerte sich daran und daß sie dort, wie in Wahnwitz, gelacht hatte. Der Landweibel erschien oben am Fenster und las den Bericht und das Urtheil: das Auffinden der todten Magdalena, das Verhör, ihr Läugnen und Angeben Matzenauers, ihr endliches Geständniß, vervollständigt durch ihre vorgestern dem Landschreiber diktirten Zusätze, und dann:

„In Folge dieses endlichen Geständnisses und nach Anhörung „der Verhörakten, geht Folgendes hervor:

1) Daß Anna Maria Koch mit Vorbedacht und absichtlich „einen Mord an Magdalena Fäßler verübt;
2) daß sie mit verwegener Böswilligkeit eine lange Zeit die „That geläugnet, und mit den ausgedachtesten Lügen auf „eine andere Person, nämlich den Johann Baptist Matzen„auer, wälzen wollte.

„In Erwägung, daß die Anna Maria Koch, obschon jung an „Jahren, mit voller Ueberlegungskraft diese Mordthat auf die frechste „Weise vollführt;

„In Erwägung, daß keine rechtlichen Milderungsgründe hervor„gehoben werden können, hat der unterm 3. Dezember 1849 abge„haltene große Rath erkannt und gesprochen:

„Es solle Anna Maria Serafina Koch das Urtheil auf „offener Straße anhören, dann auf die Richtstätte geführt und „allda durch den Scharfrichter mit dem Schwert vom Leben „zum Tod hingerichtet werden. Alsdann solle Kopf und Rumpf „in einen Sarg gelegt und auf den gewöhnlichen Delinquenten= „Acker begraben werden. Ueber dieses Urtheil soll sich nie= „mand getrauen, weder zu schimpfen noch zu schmähen." —

---

13. Das Ende.

Bisher hatte die Nann mit der äußersten Anstrengung sich zusammengehalten, obschon diese erste Hinrichtung tiefer schmerzt als die eigentliche letzte; denn diese schließt Auge und Ohr für immer und entzieht den Unglücklichen, wenn noch Ehrgefühl in ihm lebt (und sie besaß dieses) der Erniedrigung und dem Blosgestelltsein mit dem wohlthätigen Schleier ihrer Nacht. Wie das Urtheil verlesen war, bebten ihre Lippen und sank sie zusammen. Man rieb ihr Schläfe und Stirne mit dem frischgefallenen Schnee. Als sie ihre Augen aufschlug, wollte sie der Scharfrichter mit Hilfe seines Knechtes auf den bereitstehenden Armensünder-Schlittenkarren heben. Sie stieß Beide mit Riesenkraft weit von sich, wehrte die abermal Nahenden mit einem markdurchdringenden Wehgeschrei von sich ab und schlug um sich. Das Thierische war einen Augenblick Meister in ihr und ihr Wüten endete erst, als ihr Blick auf den des Paters traf, welcher ihr das Bild des Gekreuzigten vorzeigte. Dies und seine Worte: Dieser starb schuldlos für uns Alle, auch für dich. Füge dich, du Schuldige! brachten sie zu sich. Sie bestieg den Schlitten selbst, die 2 Geistlichen mit ihr. Sie war barfuß und in den Hembärmeln und horchte nun auf der Zwei kurze, abwechselnde Zusprüche, drückte das Kruzifix ans Herz und betete in Zwischenräumen zerknirscht mit ihnen. Es schlug 12 Uhr.

Nun begann die Armensünderglocke ihre Grabesklänge und mahnte das halbentseelte Mädchen vom Hüttenberge zum letzten Gange. Wie der Henkerschlitten sich von der Stelle bewegte, setzte sich auch der Menschenstrom, das Menschenmeer, in Bewegung und trieb seine lauten Wogen vom Rathhause weg, am Kloster und dem

Gutterschen Schlosse vorbei der Höhe zu. Alle Fenster der Straße, ja Dächer, Bäume, Häge, Mauern waren dicht besetzt. Schauen muß der Mensch, sei zu sehen, was da wolle. Alles war weither, aus allen Gemeinden, wie zu einem Markte da, namentlich fast ganz Gonten, wo die Verurtheilte Jedermann kannte. Das Gehen und Rennen der tausend und tausend Füße, das Stoßen, Drücken, auch Aufschreien und Rufen gab ein laut Getöse. Viele wurden eingeklemmt, namentlich das kleine und das absonderlich stark repräsentirte schwache Geschlecht, was jedesmal Aechzen und Schmerzenslaute und Gelächter absetzte. Eine Anzahl eilte voraus, um weiter an Ort und Stelle Posten zu fassen, wo aber bereits alles mehr als besetzt war und wo es zu neuem Wettstreite, Quetschungen und Herunterwerfen kam. Fremde Handwerksbursche mit ihren „Schätzen" im Sonntagsstaate hatten heute, des Spektakels wegen, frei, und machten für diese Bahn und Platz. Wohin der unselige Schlitten näher kam, und das wiederholte sich Minute um Minute, Ecke um Ecke, erhoben sich neue Fragen: Könnet ihr sie sehen? kömmt sie noch nicht hieher? neue Antworten: Doch! Sehet die blitzenden Gewehre der Landjäger auf beiden Seiten und sie in der Mitte auf dem Schlitten! Wo, wo? riefen Hunderte, wir können nicht hinblicken. Dann neues Wogen, neues Wanken der Menschenmauer, neues Drücken und Kreischen und Rufen der Unterliegenden und der Triumfirenden, wenn letztere vorne anlangten. Jetzt sehen wir sie auch. Wie sie bleich ist! Sie sinkt zusammen! Sie erholt sich. Sehet, wie der alte Pater, dem es auf den bloßen Kopf schneit, sie mit dem Arm unterstützt! Sie schaut ihn an, sie nickt ihm zu!

Aber dem armen Opfer, dem das Schaugepränge galt, wurde von dem Tosen und Rufen, von den Stimmen, die ihren Namen wiederholten, von denen sie unzählige zu erkennen glaubte, wirre und dunkel und die ohnehin ihr innewohnende Leidenschaftlichkeit, gesteigert durch Kerker und Gewissensqual, wurde zu einer Art Wahnsinn, von dem sich schon früher Spuren gezeigt hatten. Vergebens flößte der Pfarrer, das Glas in der Hand, ihr dann und wann einen Tropfen Wein in die trockenen Lippen. Das Fuhrwerk, jeden Augenblick angehalten, bewegte sich tödtlich langsam, stuhnd oft still und hielt jetzt gänzlich. Ihr war die ganze Welt um sie erloschen und dunkel, sie verlor die Besinnung, sank, und die Geistlichen glaubten, sie werde auf keinen Fall lebend am Richtplatze anlangen. Sie erwachte aber wieder, schaute wild um sich, wollte sich erheben und losreißen und wieder erscholl, Mark und Bein durchdringend, ihr Wehgeschrei. Sie hatte den Todeshügel mit seinem Mäuerlein und den Treppenstufen und links oben die 2 gemauerten Pfeiler des Galgens erblickt. Diesmal wollte ihr Schreien nicht enden. Sie wußte, der Landammann und einige Herren sitzen noch auf dem Rathhause und hatte einen Funken von Hoffnung, diese Qual werde ihre Strafe sein und sie, wegen ihrer Jugend und des Bekennens, am Ende noch den Gnaderuf hören. Der mitreitende s. g. Reichsvogt ließ den Schlitten schneller fahren. Man langte unten am Hügel an. Die 2 Priester stiegen ab. Sie selbst hob man bewußtlos vom Sitze, und hier begann der Kampf neu. Nur dem Pater, dem der Schweiß von der Stirne troff und dessen Stimme heiser war, gelang es, sie etwas zu zähmen. Jedesmal wenn sie ihn ansah, nickte sie freundlich und dankbar, sprach Gottes und Jesu Namen aus, küßte das Krucifix und that einige Schritte. Er selbst erkannte wohl, daß diese Momente nichts waren als solche des aufflackernden Bewußtseins, die schnell wieder entwichen, worauf, als wenn ein dämonisches Wesen von ihr wieder Besitz nähme, was im Volke auch Viele glaubten, das Rasen und das Schäumen vor dem Munde wieder anhob.

Man mußte darauf verzichten, ihr nach Sitte die Haare und Zöpfe abzuschneiden, und trug sie mehr als sie gieng, den Zwischenraum zum Richtplatze hinauf, wo man sie mit Gewalt auf den Armensünderstuhl setzte. Der Pater faßte zum letztenmal ihre Hand und redete leise zu ihr. Sie war erschöpft, sie schaute ihn, ehe die verhängnißvolle Kappe ihr Auge deckte, dankbar an, drückte seine Hand mit ihren gebundenen und erinnerte ihn mit dem Namen Matzenauer an sein Versprechen.

Während dessen saß, alles sehend, aber ungesehen, hoch ob dem Hochgericht an der Höhe, inner den dort stehenden Tannen eine Frauengestalt, unbeweglich, ein Steinbild, und schaute herab auf das Meer von Menschenköpfen, dessen Tosen zu ihr hinauf scholl, dessen Wogen sie sah und dessen Stimmen sie vernahm; aber ihr Blick irrte immer wieder zu dem Bilde auf dem Henkerstuhle, dessen Bewegungen sie mit Augenzucken folgte und dessen Wehgeschrei ihr mit tausend Dolchstichen ins Herz bohrte. Es war die Niobe des Hüttenberges, Riedsennengnazis Weib, der Unglücklichen Mutter. Plötzlich hörte und sah sie eine neue Bewegung in der unten gärenden Masse. Die Alte gewahrte, wie tausend Gesichter auf das Hügelchen schauten, alles still wurde, das Schwert blitzte und ein Kopf auf den Boden rollte, den sie unter ihrem Herzen getragen hatte. Krampfhaft fuhren ihre beiden gewundenen Hände vor die Augen, und ihr geschwand.

Wie das Blut aus dem Rumpfe aufsprudelte und der Scharfrichtersknecht diesen auf den Boden legte, trat der bischöfliche Kommissär und Pfarrer von Appenzell vor und hielt vor der lautlos horchenden Menge die Standrede. Der geistliche Herr war noch aus der alten Schule und billigte die Todesstrafe, indem er gleich anfangs den Satz aufstellte: „Wer Menschenblut vergossen, dessen Blut soll auch vergossen werden, spricht Gott, der höchste Richter." (Der Mensch war von jeher sofistisch genug, die altjüdische Blutlehre auf das Wesen zu schieben, das lauter Liebe und Milde ist.) Dann schilderte er die Jugend und den Charakter der Hingerichteten. Er redete die Eltern, besonders die Mütter an, einen Blick auf das verblutete Opfer der Gefallsucht, der Eitelkeit und Sünde zu werfen und die Folgen zu betrachten, wenn sie „nur auf ihrer Töchter äußere Wohlgestalt ihr Augenmerk richten, die Sinnlichkeit und den Hang zur Sünde frei schalten lassen, ja noch gleichsam Holz zum Feuer tragen — dagegen ihre Seelsorger, welche ihre ausartenden Kinder auf den Weg der Tugend führen wollen, nur mit Undank, Lästerung und Verfolgung überschütten." Um das Volk dann aber mit den letzten Momenten der Verurtheilten in etwas auszusöhnen, sagte er im zweiten und letzten der 3 Theile der Predigt (die Quelle und Größe ihres Verbrechens, die „Vertheidigung ihres Verbrechens" und der Schluß ihres Lebens): „Sie hat dem unschuldig Angeklagten die Ehre wieder öffentlich zurückgestellt, ihn um Vergebung gebeten und Matzenauer hat ihr in christlicher Großmut verziehen; sie hat ihre Richter und Alle, die sie beleidiget, um Verzeihung gebeten, und im Geiste der Reue und Buße ihr Todesurtheil angenommen. Ich will gern sterben, sprach sie in den drei Vorbereitungstagen, wenn ich nur noch selig werden kann; ich habe den Tod verdient, und sie empfing mit innigster Reue, Glauben und Andacht die hl. Sterbsakramente, hörte die geistlichen Zusprüche gern und betete viel. Freilich wurde sie beim ersten Schritt zum Todesgang mit dem ganzen Schauer des Todes überfallen und in halbbetäubten Zustand versetzt (ihr habt sie gesehen, heißt es gleich anfangs, die unglückliche Anna Maria, erst 18 Jahre alt, zitternd an allen Gliedern, mit einem markdurchbringenden Angstgeschrei, von unbeschreiblicher Todesfurcht gemartert, diese schauerliche Stätte heraufschleppen); aber auch das schreckt mich nicht ab, das Beste für ihre hingeschiedene Seele zu hoffen; denn auf dem ganzen Wege hörte man kein böses Wort aus ihrem Munde, sondern in Lichtaugenblicken sprach sie die heiligsten Namen aus. Ach, es war nur der letzte fürchterliche Todeskampf, der in so verschiedener Gestalt auftritt. Christliche Zuhörer! urtheilet nicht vor der Zeit! ihr Alle werdet sterben, aber ihr wisset noch nicht, in welcher Angst, in welchen Krümmungen und Seufzern; und ein schwerer Todeskampf weiset nicht schon ein böses Ende. Beten wir Gott in seinen unerforschlichen Rathschlüssen an!" —

Die Menge verlief sich tosend nach dem jetzt folgenden „Amen" des Standredners; nur Wenige, es waren Goniner, und jetzt wirklich wieder etwas ausgesöhnt mit dem unglücklichen, verirrten Wesen, das sie erst noch lebensfroh und blühend vom Hüttenberge herab ins Thal hatten kommen sehen, geleiteten sie denselben Trauerweg wie sie herfuhr, nur jetzt still unter dem deckenden Tuche, über den Kirchhof und außer dessen Mauer, wo das Grab schon offen wartete, welches, heute noch durch üppige Nesseln kennbar, in wenig Augenblicken mit Erde und dem eben fallenden frischen Schnee ein Herz kühl zudeckte, das so glühend heiß geschlagen, gehaßt und geliebt hatte. —

Wir wollen, lieber Leser, mit gepreßtem Herzen, die starre Bergöde verlassen, in die ich Dich, wie ich oben sagte, führen mußte. Aber etwas Grün und blauen Himmel müßen wir denn doch auf die letzten Szenen noch mit einander ansehen, und einen Blick über die durchwanderte Alpengegend hinwerfen, ehe wir von einander scheiden, um uns vielleicht nie wieder zu begegnen, da ich nicht weiß ob Du wieder in unser Hochland heraufmagst, ich selber aber meine Heimat kaum je verlasse, außer wenn es in die rechte geht. —

Es ist ein wunderschöner Sommerabend, aber, damit Du das gleich wissest, bald dreizehn Jahre, seit wir das Grab von Riedsennengnazis Nann verlassen haben; einer wie sie nur das sonderbare Jahr 1862 mit sich bringt, wo die Natur um mehr als einen Monat voraus ist. Die Sonne läßt sich bereits abwärts gegen die Hundwiler Höhe, denn diese ists und wir im Thale von Gonten, wie am ersten Abende dieser Geschichte, und hinten sehen wir den Thurm von der Kirche, wo Nann jenen Sonntag zerstreut betete. Links leuchtet der Vater Säntis im Sonnengold, und an seinen Fuß schmiegt sich der ereignißvolle Hüttenberg mit Nanns väterlichem Hause, welches mit seinen Ahornbäumen stolz ob dem Waldsaume herabschaut ins Thal. Wir wollen ins Dörfchen. Sieh die Kirche noch recht an, denn sie brechen sie nächstens ab, um sie zu vergrößern. Die Steine liegen bereits gerüstet da neben dem Pfarrhofe. Dann ist dies Vordach nicht mehr, aus welchem das arme Mädchen mit seiner Mutter jenen Morgen mit schwerem Herzen hervorging, ins Dorf, zum Verhöre. Dann wird durch die Erweiterung des Kirchhofes auch das schlichte Grab unserer Magdalena Fäßler verrückt und allmälig nicht mehr gekannt werden.

Biegen wir am Pfarrhofe durch das Gitterchen in den Wiesenweg ein. Es ist der Weg sowohl rechts ins Gschwend als links auf den Hüttenberg. Aber so oft wir auch von beiden hörten und beide gerade vor uns sehen (links hoch oben Nanns Vaterhaus, rechts, ihr kennet es an den Kirschbäumen, auf jenem Weideboden oben, Magdalenens, „im Gschwend," ist es sicherer, den allerbesten Wegweiser an alle bedeutenden Orte unserer Geschichte mitzunehmen. Er wohnt hier am Wege, in jenem saubern grauen Hause. Wir treten in die Hausthüre und links in die helle Stube. Da steht der Hausbesitzer auf mit dem runden Appenzellerkopfe, dem jetzt etwas scharf markirten, runzlichten Gesicht und dem klugen Auge. Es sieht noch immer scharf. Er grüßt uns freundlich. Er kennt mich. „Eh, send ihrs? J hett docht, ihr wößtib nomma, aß es a Gonten i der Welt gib (gibt). Guota Tag mitenand!" — Ich denke, sagt er, als ich ihm meinen Wunsch zu erkennen gegeben, wir gehen im Hinweg ins Gschwend und im Herweg über Hüttenberg, „den Wald abi" zur Roos und wieder daher? — Ich bejahe es, und wir brachen auf und am Haus und Brunnen links vorbei, vorbei an dem allerliebsten nahen Hause, das er uns stolz als das seines Sohnes weist, der Gschwendhöhe zu, immer unter Erzählen des redseligen Gonteners. Hier vernehmen wir wie er i. J. 1849, nachdem „der Buob" wieder daheim war und mauerte und an der Maschine bei der Mutter arbeitete, mit einem Bruder

und dem Götti ins Dorf sei und vor den versammelten Wochenrath, um die Herren um eine billige Entschädigung des armen Buben
anzugehen für seine 22 Wochen lange böse Gefangenschaft, eilf davon
im dunkeln Loche, das man einem Hunde besser gäbe, und 7 gar
bei Wasser und Brod und unter Streichen und Qualen, daß es
einen Heiden erbarmen müßte. Er habe jedoch, als er wieder in
die Rathstube gerufen worden, „nüts, suber nüts" erhalten als den
trockenen Beschluß, die Herren finden, sich nicht bewogen in irgend
etwas weiter einzutreten, da Matzenauer sich in Einigem selbst ver-
fangen und ausdrücklich auf jeden Regreß verzichtet habe. Ich mochte
erwidern was ich wollte, da wars aus, und ich verließ das Rathhaus wie die, welche sich für Landammann Suter selig am näml-
chen Platze verwendet, und mit der Erfahrung, die neuen Herren
seien gerade wie die alten. Da verwendete ich mich bei guten
Herren in St. Gallen unten für den halbruinirten guten Burschen
und erhielt mehrere Gulden für ihn, und der Buchdrucker, welcher
die Standrede vom Kommissar druckte, erbot sich bereitwillig, nicht
nur den Reinerlös vom Verkaufe dem Matzenauer zuzuwenden, sondern ihm eine beliebige Anzahl Exemplare zu übergeben, damit er
sie mit einem Empfehlbriefe selbst herumtrage und verhausire. Ich
war versichert, er würde aus der Stadt, in Herisau, Tüffen, Tro-
gen, Spicher, Gais und bis Rheineck, Altstätten und Lichtensteig und
weiter, wo man überall von seiner Leidensgeschichte vernommen hatte
und theilnehmende, habliche Menschen wohnen, eine schöne Summe
heimbringen, welche ich ihm anlegen wollte, um sie zu Anschaffung
von Geräth oder gar dem Baue eines Häuschens zu verwenden.
Ich gab ihm, da es Winter und er noch schwach war, einen war-
men Rock mit und hieß ihn gut essen und trinken und in guten
Wirtshäusern übernachten, damit er wieder zu Kräften komme. Er
gieng. Aber holla! in 3 Tagen oder noch vorher kam er wieder,
hatte zwar ein paar Gulden, der Bub ist häuslich und sparsam und
ists geblieben, war aber nicht für solche Sachen, das hat er von
seinem Vater. Er hatte gleich anfangs den Mut verloren. Er sei
nicht geschickt zum Betteln, erklärte er; hatte in einem Hause eine
Magd ihn angefahren oder eine Dame die Nase gerümpft, wenn er
seine Predigt vorwies, so rannte er die Treppe hinunter, als hätte
er gestohlen und gestuhnd mir nun, er wolle lieber nichts als täglich zweimal Kaffi und Habermus, und daheim bleiben. Es war
zugleich ein einfältig Heimweh zur Mutter und der Maschine, ich

merkte das gleich. Er könne nicht essen, so gut man ihms gebe, und nicht schlafen, und wär es auf Seide, wenn er nicht die Hundwiler Höhe und den Gontener Kirchthurm zuerst sehe, sagte er später, und so blieb es bei dem Gesammelten und 30 Gulden, welche man aus der Druckerei in St. Gallen vom Erlöse hersandte, und der Bub „ist zu nüts cho ond chont si' Lebalang zu nüts." Es ist nicht am Holze.

Während dessen sind wir in den Waldweg eingetreten, welchen Bisch mit Magdalenen und nachher der Vater mit der Todten gegangen war. Nach einer Viertelstunde beginnt der Hag von Krummenbischs Besitzung und bald langen wir auf dem Gschwend, der ebenen Weide, an, wo unter einigen Kirschbäumen Magdalenens väterliches Haus und links oben der Stabel davon liegen. Unter unseren Füßen liegt das Gontener Thal und das Jakobsbad, gerade gegenüber die Hundwiler Höhe. Ins Haus treten wir nicht, so Viele wir sind, und um die Stiefmutter nicht zu erschrecken; aber wir sehen doch Krummenbisch, da er das Fenster neugierig öffnet und den Manser grüßt, und nachdem wir den Ort jenes Jammertages und des Leichebetens recht ins Auge gefaßt, folgen wir unserm Führer weiter durch das Gras der Höhe zu. Bald, kaum 10 Minuten weiter, zeigt er uns ein kleines Tobeli, und ob diesem, etwas höher, die Terrasse, hart unten um Kronberge, wo Matzenauers damalige Wohnung, Mittelholzers Gschwendli, sich zeigt. Da es den Frauenzimmern in allen Gliedern juckt, warum Sepp nicht Anstalt macht, hinüber zu gehen, weil sie nicht weg wollen, ohne Bischen gesehen zu haben, wenn er noch lebe, lacht der Schelm um des Alten Mund, und er sagt: Ihr würdet drüben „nüts" erblicken, als „a wüests Hämet." Der Buob wohnt an einem andern Ort, wir wollen ihn heimsuchen, wenn wir wieder „abi kommen in die Fürschau." Für jetzt müßen wir noch höher. Das Gschwendli sehet ihr jetzt deutlich. Gutes Wasser hat es da drüben. Wär es mein und in St. Gallen unten, das gälte ein Kapital.

Nur wenige Schritte höher, etwas ob dem Gschwendli, ebenfalls überm Tobeli, zeigt er mit dem Finger die Heimat der fröhlichen Katharina Storch, die „Roos" Hans Tonis, des Bruders von Bischs Mutter, Haus und Scheuer, und ganz nahe, noch etwas weiter oben, die Heimat von Bischgeli, Franziska Signer. Auch die letztere will ich euch zeigen, aber ebenfalls erst, wenn wir wieder unten sind. Sie wohnt gar nicht weit vom Bisch, setzt er schalkhaft bei.

Nun wenden wir von der bisherigen Richtung in einem Winkel links ab und immer höher. Der Rücken, auf dem wir jetzt gehen, ist schon der **Hüttenberg**, und nachdem wir noch mit einem Abschiedsblicke alle 3 Heimwesen überm Töbeli überschaut, führt er uns eine Viertelstunde weit durch rothblühendes Heidekraut (hier „Sefi" genannt, sonst „Brüsch", unsere Sennen benützen es oft, Milchgeschirre damit zu reinigen) und Büsche. Im Gehen macht er die Damen auf eine zahlreich vorkommende Beere aufmerksam, fast ganz wie die Heidelbeere, doch, da sie gerade neben einander wachsen, augenscheinlich die Blättchen dunkler und die Beere größer und von einem viel hellern Blau. Er nennt sie „Schwindelbeere" (die Heidelbeere aber, wie der St. Galler, „Haselbeere") und nach seinem Beispiele bücken sich Herren und Damen, sie zu pflücken, da die ganze Fläche blau davon ist. Sie finden sie angenehm, nur etwas blöd im Magen und Eßlust machend.

So gelangen wir an einen quer ziehenden Hag, den wir übersteigen. Da beginnt die Besitzung von Nanns Familie, den Roch. Der alte Gnazi ist todt, die Frau lebt noch und die Buben führen das Hauswesen. Im Schatten der Tannen, unter denen Bisch am Landsgemeinde-Vorabende mit Herzweh von Nann weg heimzu hinunterging, wandern wir und sehen, wie wir aus ihnen hervortreten, das Heimwesen von Riedsennengnazi selig, wirklich einem Berg-Edelsitze gleich, den Stadel und das Haus darüber ragend, aus den stolzen Ahornbäumen herüberschauen. Unser Führer will nicht hinüber und näher, und nachdem wir alles recht beschaut und uns vor die Seele gerufen, was unter jenem Dache vorgegangen, leitet er uns einen andern Waldweg abwärts, der unmittelbarer nach Gonten hinabführt.

Wie wir, alles hat kaum eine leichte Stunde gedauert, und Höhenluft und Tannenduft die Damen erquickt, daß keine, trotz des oft jähen Weges, müde worden, unten aus dem Walde treten und zur Ebene gelangen, lenkt Manser etliche Schritte vom Wege links ab und hält schweigend still. Wir haben soeben den Herab- und Heimweg der Nann zurückgelegt und stehen vor der Roos, in welcher unser Führer vor 13 Jahren am 12. Juni die ertränkte Magdalena Fäßler gefunden. Er zeigt uns wo und wie sie gelegen, und wir stehen alle lautlos drum herum wie um ein Grab. Einzelne der Frauenzimmer neigen sich über das Wasser, wie um zu lauschen, ob es sich nicht mehr des armen Mädchens erinnere, nich mehr dessen Namen murmle.

Wir gehen gerührt weiter, und der gefällige Appenzeller führt uns über die Schwarz zu seinem Hause und nimmt mit Händeschütteln von der herzlich dankenden Gesellschaft Abschied, es mit Lächeln mir überlassend, sie zu den letzten Personen der Novelle, Bisch und Zischgeli, zu führen, welche ich gut genug kenne. So geht es ins Dorf und nachdem wir uns im Bären erquickt, außer dasselbe bis zum „Brückli," und herwärts links ab der Straße am Bächlein fort, weiter oben drüber und dem letzten Hause oben zu.

Wir steigen die Treppe auf und zur Thüre hinein in die Küche. Eine braunhaarige, etwas blasse Appenzellerinn kocht eben den Kaffee, und neben ihr steht ihr Mann, in den Hemdärmeln und baarfuß, ein etwa 3jähriges Mädchen, welches beim Eintritte von Fremden fliehen will und schreit, auf den Arm nehmend, und seine großen, weißen Augen noch größer machend über den Besuch. Ich stelle sie der Gesellschaft vor als Gerers Bisch und Zischgeli Signer, seine Frau. Wir müssen in die Stube, oder eher das Stübchen, denn wir füllen es ganz aus. Die Frauenzimmer sitzen und ich bringe das erstaunte Paar, das mich zu seinem Troste kennt, namentlich Zischgen, in Redefluß. Sie muß ihren Gefängnißbesuch in Appenzell mit Katharina Storch (natürlich sagt sie nie anderst als „Köchlis Hannes Tonis") erzählen und thut es beredt. Dann berichtet sie, und er dazwischen, wie Bisch, nachdem er sich wieder erholt, sie auf Hütten oben eines Sonntags besucht und um sie geworben habe; wie sie erstaunt und nicht denkend, daß er je wieder Eine mögen werde, bald eingewilligt und im Jahre 1853 die Heirat geschehen sei. Sie haben Beide „nüts," also einander, wegen der Kapitalien, nichts vorzuwerfen, auch so viel als nichts zu erben, seien aber gesund, haben Lust zum Arbeiten und Sparen, und sie verdienen so viel als die Reichen, nämlich „j'essid ond ds Häs" (zu essen und Kleider). Im Jahre darauf sei sein Vater gestorben und sie herunter gezogen nach Gonten, wo der Bisch, um neben seinem Mauern und der Maschine noch was zu verdienen, „Chemifürber" (Kaminfeger) worden sei. Bisch fügt bei, 2 Kinder seien ihnen gestorben und versorgt, eines letztes Jahr vor Weihnacht, schon sechsjährig; aber mit dem lieben Gotte wollen sie nicht prozessiren und er vermöge besser sie zu erhalten. Jetzt haben sie noch

dies gegenwärtige dreijährige Toneli, und sie drei und die Turtel=
tauben, die unter einer Bank girren und zuweilen deutlich lachen,
seien jetzt die gesammte Haushaltung. Er habe die Thierchen um
5 Franken von weiter als von Konstanz her; sein Fräuli habe
„schulig ds Wulchen" (Angina) gehabt, und dafür seien diese
Tauben bsonderbar gut. — Die Damen fragen um das Nähere
und ob er davon geschlachtet habe. — „Bbüetis nei," erwidert er,
als mute man ihm was Frevelhaftes zu, das könnt ich nie; ihr
bloßes Dasein heilt, und wir haben das als wahr erfunden. Seit
wir sie haben, ist Zischgeli frei von seinem Uebel. — Hier, als
hätten sie's verstanden, lacht eine der Tauben hell auf wie ein
Mensch. Das deutet auf Regenwetter, sagt der Matzenauer, die
Thierli sind ein untrüglicherer Barometer als einer von Glas, und
ich weiß Häuser, wo man sie 22 Jahre lang in der Stube hatte.

Als ein Frauenzimmer nach seiner Mutter fragt, antwortet
er: Die Mutter ist 73jährig, aber gesund und munter. Viel sehen
wir sie nicht; Platz hätte sie hier nicht und sie sagt, bringen könnte
sie doch nichts, wir können einander sonst lieb haben und für ein=
ander beten. Es ist auch sonst besser, sagt er, indem er das lä=
chelnde Zischgeli schmunzelnd ansieht, wenn eine Schwieger und die
Schwiegertochter nicht am gleichen Tische essen. Der Kaffi wird
minder verschüttet.

Nachdem wir dem Toneli ein Silberstück zum Spielen in die
Hand gegeben, wogegen die Eltern sich gewaltig gewehrt, verlassen
wir mit Händeschütteln die Hütte des „Chemifürbers" und gehen
wieder in die Straße hinab und abwärts. Ehe wir zur Mühle
unten kommen, nehmen wir herzlich Abschied von einander, die Ge=
sellschaft in der Straße bleibend und Appenzell, ich den Wiesenweg
links einschlagend und der Lankbrücke und dem Laimenstege zu *).

---

*) Erst über ein Halbjahr nach Vollendung des vorstehenden Ge=
mäldes kamen dem Verf. die „kulturhistorischen Bilder aus der Schweiz,"
Leipzig 1863, zu Gesichte, wo S. 19—24 eine Art Abriß dieses Krimi=
nalfalles steht, der jedoch von Unrichtigkeiten wimmelt. In der Gon=
tener Gegend ist kein „Tobel," in welches man die Fäßler hätte stürzen
können. Diese ist nicht „an demselben Tage" gefunden worden, Nann
nicht „mit Mädchen" an der Mordstätte vorbei. Matzenauer, der, neben=
bei gesagt, nicht ihr „Bräutigam" war, kam nicht zuerst in Verhaft, so

So lange wir uns noch sehen, winken wir einander zurück, denn etwas seelenverwandt wird man doch auf einer solchen Wanderung.

Noch einmal. Sie verschwinden. Ich bin wieder allein.

---

daß sie „oft nach Appenzell gekommen, sich nach ihm zu erkundigen, bis des Weibels Frau aus ihren Reden Verdacht schöpfte." Von all dem kein Wort, und ebensowenig, daß Bisch sogar Vortheil aus seinem Handel gezogen und mit seinem Urtheile „eine bedeutende Summe zusammengebracht" habe. Er, der so gerne ein Holzhäuschen bauen möchte, kann es nicht und ist der arme Kaminkehrer noch heute.

Inhaltsverzeichniß.

		Seite.
1. Die Mutter und der Sohn	. . . . . .	3
2. Der Weg nach der Landsgemeinde	. . . . .	12
3. Die Landsgemeinde	. . . . . .	22
4. Der Unserherrgottstag in Gonten i. J. 1849	. . .	30
5. Die Vermißte wird gefunden	. . . . .	39
6. Das Verhör und die Angabe	. . . . .	49
7. Die 3 folgenden Verhöre. Die Mordthat	. . . .	58
8. Der Knäul verwirrt sich immer mehr	. . . .	66
9. Die Flucht	. . . .	73
10. Die Heimkunft und das erste Geständniß	. . .	86
11. Der Knäul löst sich	. . . . . .	93
12. Das Urtheil	. . . . . .	100
13. Das Ende	. . . . . .	110

☞ Im gleichen Verlage sind folgende Werke neu erschienen und bei'm Literarischen Verlagsbureau von Altwegg-Weber zur Treuburg in St. Gallen, sowie in allen Buchhandlungen immer zu haben:

Alpenrose, Schweizerische. Ein hauswirthschaftliches Volksbuch für denkende Hausväter und besorgte Hausmütter, sowie für die erwachsene Jugend beiderlei Geschlechts, als Rathgeber für die verschiedensten häuslichen, beruflichen und bürgerlichen Lebensverhältnisse. 1867. 5. vermehrte Auflage.
    Preis broch. Fr. 5. —. Gut geb. mit Goldrücken Fr. 5. 80. Eleg. geb. in vergold. Leinwanddecken Fr. 6. 30.

Cranthahn, Cajetan, P., Pater Theodosius. Sein Leben, sein Wirken und seine letzten Lebensstunden. Mit dem wohlgelungenen Bildnisse des Pater Theodosius. 1865. Zweite vermehrte und verbesserte Auflage.
    Preis in Umschlag geheftet Fr. 1. —.

Der Friede des Herzens. Ein Erbauungsbuch für alle Stände, besonders aber für solche Leser, welche Licht und Wärme gleichmäßig suchen. Zweite Extraausgabe mit ganz großem Druck. 1867.
    Preis broch. Fr. 4. —. Geb. in Goldrücken Fr. 4. 80. Eleg. geb. in vergoldete Leinwanddecken Fr. 5. 20.

Ehrenberg, Friedr., Dr., Bildungsschule für das männliche Geschlecht über den Charakter und die Bestimmung des Mannes, oder: „Auf Männer setzt das Vaterland sein Vertrauen, in seinen Männern erblickt es seine Vertreter und Beschützer." Eine Festgabe für unsere Jünglinge und Männer. 1866.
    Preis broch. Fr. 4. —. Gebunden in Goldrücken Fr. 4. 70. Eleg. geb. in vergold. Leinwanddecken Fr. 5. —.

Fellger, Friederike, Kochbuch, oder theoretisch-praktische Anweisung zur bürgerlichen und feineren Kochkunst. 1867.
    Preis broch. Fr. 4. 30. Geb. in halb Leinw. Fr. 5. 30. Eleg. geb. Fr. 5. 80.

Glökler, J. F., Schwäbische Frauen. Lebensbilder aus den drei letzten Jahrhunderten. 1867.
    Preis br. Fr. 4. 80. Geb. in halb Leinwand Fr. 5. 80. Eleg. geb. Fr. 6. 30.

Henne, Dr., Ant., die Rache in Gonten. Volksgemälde aus den Appenzeller Bergen. Nach einer wahren Begebenheit vom Jahre 1849. 1867.
    Preis eleg. broch. Fr. 1. 50.

Himmlische Posaune, oder: Alle guten Geister loben Gott den Herrn. Neuestes Gebetbuch für das Haus und die Kirche. Ausgabe mit großem Druck. Mit dem Bilde unseres Erlösers.
    Preis broch. Fr. 5. —. Geb. in Goldtitel Fr. 6. —. Elegant geb. mit reichen Goldverzierungen Fr. 6. 50 Cts.

Kriminalgeschichten, die interessantesten aus alter und neuer Zeit. Ein Buch zur Unterhaltung, Warnung und Belehrung für Jung und Alt, nach den vorgelegenen Akten bearbeitet und herausgegeben von einem vieljährigen höhern Gerichtsbeamten. 1867. Zweite Auflage.
    Preis broch. Fr. 5. Geb. mit Goldrücken Fr. 6. Eleg. geb. in vergold. Leinwanddecken Fr. 6. 50.

Lavater, Joh. Caspar, christliches Hausbuch. Gebete und Lieder für Morgen und Abend und für die besondern Zeiten und Verhältnisse des christlichen Lebens. Neueste, durchgesehene und vermehrte Auflage. Mit Lavaters Bildniß. 1864.
    Preis br. Fr. 4. — Eleg. geb. in vergoldete Leinwanddecken Fr. 5. 20.

Morgenstern, der aufgehende. Enthält: Ein Familientempel, aufgeführt in einem Aufbaue von moralisch-religiösen Abhandlungen und erhebenden Feierklängen. Ein lehrreicher Hausschatz für Alle, die auf den Namen „Jesu" getauft sind. Als Festgabe gewidmet und herausgegeben von einem Arbeiter im Weinberge des Herrn. Mit einem Titelkupfer. 1865. Sechste Auflage.
    Preis broch. Fr. 4. —. Geb. in Goldrücken Fr. 4. 70. Eleg. geb. in vergold. Leinwanddecken Fr. 5. —.

Morgenroth, das, über dem Grabe eines Unglücklichen,

oder: **Joh. Heinrich Waser, weiland Pfarrer zum Kreuz in Riesbach, vor dem Blutrathe in Zürich.** 1865.

Preis in Umschlag broch. Fr. 1. 50.

Müller, J. J., Mittheilungen aus dem Gebiete der schweizerischen Waldkultur, gegeben in einem speziellen Falle in der statistisch-forstwirthschaftlichen und kulturgeschichtlichen Beschreibung des Bürgerwaldes der thurgauischen Gemeinde Tägerweilen. 1867.

Preis in eleg. Umschlag broch. Fr. 3. —.

Müller, J. M., Pfr., Zeugnisse von Christo. Ein Erbauungsbuch in Predigten. Zur Erweckung, Stärkung und Ermunterung im Glauben. 1867.

Preis br. Fr. 5. Geb. in halb Leinwand Fr. 6. Eleg. geb. Fr. 6. 50 Ct.

P. M., Dr., die letzten Räuberbanden in Oberschwaben, in der Nähe der schweizerischen Grenze in den Jahren 1818—1819. Nach den Akten dargestellt. Ein Beitrag zur Sittengeschichte. Mit 6 Holzschnitten. 1867.

Preis br. Fr. 3. 50. Geb. in halb Leinw. Fr. 4. 20. Eleg. geb. Fr. 4. 50.

Reiseerlebnisse eines katholischen Missionärs, gegeben in zwanglosen Reisenotizen, enthält: Erfahrungen und Mittheilungen aus einer Reise aus dem Herzen der Schweiz nach Ostindien über Triest, dem Hafen von Corfu, den griechischen Inseln nach Alexandrien in Egypten, über's rothe Meer nach Aden, Bombay, Indar, Phopal, Chunar, der Hindustadt Benares 2c. — Im Lichte der Wissenschaft und der Religion populär beschrieben und dem katholischen Volke gewidmet von einem hochwürdigen Pater. 1867. Zweite Auflage.

Preis broch. Fr. 3. —. Geb. in Goldrücken Fr. 3. 70.

Rueß, W., Professor und Rektor der Kantonsrealschule in St. Gallen. Pädagogische Winke für ein naturgemäßes System in der Volksschule. 1866.

Preis in Umschlag geheftet 60 Ct.

— — **Schweizerische Jugendbibliothek.** Mit Bildern. 2 Bändchen. 1866.

Preis zusammen br. Fr. 3.

Auch, W., Rosen und Astern. (Gedichte.) 1867.
Preis in Umschlag geheftet Fr. 1. 50.

— — **Schweizerischer Jugendgarten.** Mit 3 Originalbildern. 1865
Preis in eleg. lithographirtem Umschlage, hübsch cartonnirt Fr. 1. 80.

— — **Schweizerische Geschichtsbilder.** Ein Buch für die Jugend und das Volk. Mit 3 Originalbildern. 1867.
Preis in eleg. lithogr. Umschlag, hübsch cartonnirt Fr. 1. 80.

Sekretär, der schweizerische. Ein praktisches Handbuch über Rechts-, Gerichts-, Geschäfts-, Handels- und Gewerbsverhältnisse des schweizerischen Bürgers und Niedergelassenen. Ein Lehr-, Hand- und Nachschlagebuch für alle geschäftlichen, gewerblichen, amtlichen und gerichtlichen Bureaux; für jeden Bürger, sowie für junge Leute, die sich auf das praktische Berufsleben vorbereiten. 1866.
Preis broch. Fr. 5. —. Geb. in Goldrücken Fr. 6. —. Eleg. geb. in vergold. Leinwanddecken Fr. 6. 50.

Seelenharmonium, die mächtigste und wirksamste Sprache zum Herzen. Enthält: eine große Sammlung ausgewählter Lieder für zarte Herzensangelegenheiten. Unseren Jünglingen und Jungfrauen als Festgeschenk gewidmet. 1866.
Preis in eleg. lithogr. Umschlag, hübsch cartonnirt, Fr. 3. 50 Ct. Eleg. geb. in vergold. Leinwanddecken Fr. 4. 50.

Schweizerin, die kluge und einsichtige vom bürgerlichen Stande. Das wirksamste und nützlichste Festgeschenk für unsere lieben Frauen und erwachsenen Töchter, hinsichtlich ihrer Stellung als Tochter, Braut, Gattin und Mutter, und in Berücksichtigung anderer verschiedenster häuslicher und bürgerlicher Lebensverhältnisse, nebst einer vollständigen und gründlichen Anleitung zur ordnungsmäßigen Führung eines wohlgeregelten Haushaltes und zur Begründung eines bleibend häuslichen Glückes. 1867. Zweite Auflage.
Preis broch. Fr. 5. —. Geb. in Goldrücken Fr. 6. —. Eleg. geb. in vergoldete Leinwanddecken Fr. 6. 50.

Huter, A., Nationalrath und Mitglied der Kassationsbehörde in St. Gallen. **Die Civilrechtspflege des Kantons St. Gallen,** dargestellt in einer Sammlung von Entscheidungen des Kantonsgerichtes und der Kassationsbehörde des Kantons St. Gallen von 1831—1866. 1866.

Preis broch. Fr. 5. —. Geb. in Goldrücken Fr. 6. —. Eleg. geb. in vergoldete Leinwandbecken Fr. 6. 50 Ct.

Stunden, die gesegnetsten und glücklichsten im Leben. Neues, vollständiges und umfassendes Gebetbuch für heilsbedürftige Christen aller Stände. Mit einem Stahlstiche und einem Widmungsblatte in Farben- und Golddruck. 1867. Achte Auflage.

Preis broch. Fr. 5. —. Geb. in Goldrücken Fr. 5. 70. Eleg. geb. in vergold. Leinwandbecken Fr. 6. 20.

Seherblicke in das geheimnißvolle Heiligthum der Schöpfungswerke Gottes mit Inbegriff der Wunder des Himmels, betrachtet im Lichte der Wissenschaft und des Evangeliums, nach den 12 Glaubensartikeln. Neuestes Lehr- und Erbauungsbuch für christliche Personen und Familien ohne Unterschied des Glaubensbekenntnisses. Mit einem feinen Stahlstiche und einem Widmungsblatte in Farben- und Golddruck. 1867.

Preis brochirt Fr. 3. 50. Geb. in Goldrücken Fr. 4. 20. Eleg. geb. in vergold. Leinwandbecken Fr. 4. 50.

Vogt, A., Ein Sohn der Berge, oder: Rasende Schicksalsstürme über einen Schweizer in seiner Heimath und in Amerika. Eine wahre, sehr interessante Begebenheit aus neuester Zeit. 1867. Zweite Auflage.

Preis in Umschlag geheftet Fr. 1. —.

— — **Aus der Irrmühle** oder **Schuld und Sühne.** 1868.

Preis in eleg. Umschlag broch. Fr. 1. 20 Ct.

Vaterland, das schweizerische, in seinen bundesstaatsrechtlichen Verhältnissen, seiner Bundesversammlung, seinen eidgenössischen Konkordaten, seiner Bundesgewalt und seinen Staatsverträgen mit dem Ausland. Dem Schweizervolke und den in unserem schweizerischen Vaterlande Niedergelassenen gewidmet. 1865.

Preis broch. Fr. 5. —. Geb. in Goldr. Fr. 6. —. Eleg. geb. in vergold. Leinwandbecken Fr. 6. 50.

Vaterliebe und Muttersegen. Eine biblische Gabe für gute und lernbegierige Kinder. Mit einem Titelkupfer. 1865. Zehnte Auflage.

Preis broch. Fr. 1. 50. Geb. in Goldrücken Fr. 2. —. Eleg. geb. in vergoldete Leinwandbecken Fr. 2. 20.

Wessner, J. A., Blumen aus dem Paradies. (Gedichte.) 1867. Preis in Umschlag geheftet Fr. 1. 20.

Zeller, J. A., Architekt, Der Bauführer. Ein Lehrbuch für Alle, die mit Bauausführungen zu thun haben. Enthält: die Arbeiten eines guten Bauführers in dem weiten Umfange seiner Erfordernisse, Obliegenheiten und Verrichtungen. Für Bauherren, Baumeister, Bauführer, angehende Architekten, Bildhauer, für Steinhauer, Maurer und Zimmerwerkmeister und Baliere, sowie für Bauschreiner, Glaser, Schlosser, Schmiede, Gipser, Ofenbauer, Dachdecker, Spengler, Maler und Tapezierer. — 8°. Mit 18¼ Bogen Text und 12 fein lithographirten Tafeln. 1867. Preis broch. Fr. 7. —. Schön und dauerhaft geb. Fr. 8. 50.

☞ Wir empfehlen außer obigen Werken unsere Buchhandlung für in- und ausländische Literatur, unser Lager in feinen Bilderbüchern, guten Volks- und Jugendschriften, evangelischen und katholischen Gebetbüchern, unser Magazin in Bibeln in deutscher, französischer, englischer, italienischer, polnischer und vielen andern fremden Sprachen. Nebstdem besorgen wir Artikel der Kunst in Lithographien, Stahl- oder Kupferstichen, in Gemälden in Oelfarbendruck und Oelgemälden.

Hochachtungsvoll ergeben:

Altwegg-Weber
zur Treuburg in St. Gallen.